ÉLÉMENS

D'UNE

NOUVELLE LÉGISLATION

DES CHEMINS VICINAUX,

GRANDES ROUTES, CHEMINS DE FER,

RIVIÈRES ET CANAUX.

PARIS. — IMPRIMERIE ET FONDERIE DE FAIN,
RUE RACINE, N. 4, PLACE DE L'ODÉON.

ÉLÉMENS

D'UNE

NOUVELLE LÉGISLATION

DES CHEMINS VICINAUX,

GRANDES ROUTES, CHEMINS DE FER,

RIVIÈRES ET CANAUX.

PAR ÉMILE BÉRES DU GERS,

Ouvrage couronné le 31 août 1831 par la Société d'agriculture, sciences et arts de Châlons-sur-Marne.

C'est la facilité qu'ont les hommes de communiquer entre eux qui est le premier fondement de la société.

J.-B. SAY.

A PARIS,

CHEZ CARILIAN-GOEURY, LIBRAIRE,

QUAI DES AUGUSTINS, N°. 41.

1831.

PENDANT que s'achève l'impression de notre travail, les journaux nous apprennent que l'adjudication du chemin de fer de Paris à Pontoise, à laquelle on s'attendait généralement, n'a pas eu lieu : pour notre compte, rien ne nous a moins étonné ; nous avouons même que, dans l'état actuel de notre législation, nous eussions regardé, comme une assez haute imprudence, de tenter une telle entreprise.

Si, dans les provinces éloignées de la capitale, les embarras de l'expropriation pour cause d'utilité publique entravent et arrêtent chaque jour les travaux publics, que serait-ce dans les environs de Paris, où par mille motifs on tient bien davantage au terrain, et où par cela même les prétentions des propriétaires seraient plus élevées et les concessions à l'amiable plus difficiles?

Si notre gouvernement tient, comme nous le pensons, à voir commencer et se continuer de grandes entreprises publiques, la première chose qu'il ait à faire est d'imiter l'administration Anglaise qui a su, dès le principe, protéger et garantir, par de bonnes lois, le développement de son admirable système de circulation.

ÉLÉMENS

D'UNE NOUVELLE LÉGISLATION

DES CHEMINS VICINAUX,

GRANDES ROUTES, CHEMINS DE FER, RIVIÈRES ET CANAUX.

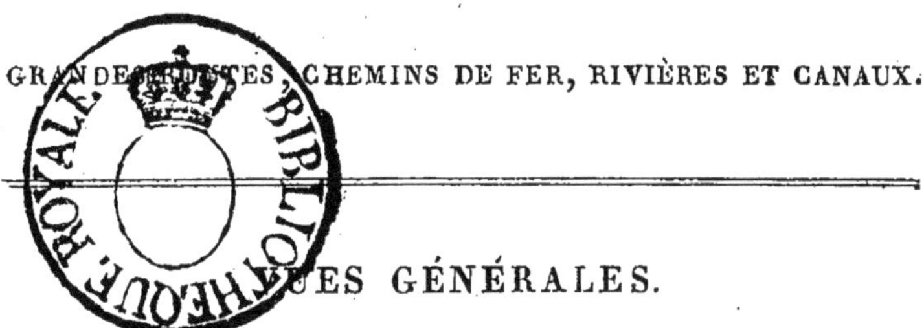

VUES GÉNÉRALES.

Lorsqu'on étudie avec soin notre pays dans toutes ses parties et dans chacun de ses élémens de production, on est forcé d'admirer ses immenses ressources, et on se demande avec peine comment il se fait qu'on n'en sache pas tirer un parti plus avantageux.

Personne ne met en doute la fertilité du sol de la France : sa zone tempérée permet la culture de presque tous les produits utiles, le sein de ses montagnes renferme d'abondantes richesses ; en industrie, les étrangers se rendent volontiers tributaires de son goût ; l'homme, chez elle, est d'ordinaire doué d'une vive conception, et sa force ne le cède point à son intelligence ; les théories scientifiques y sont autant avancées que partout ailleurs ; baignée au midi et au couchant par deux vastes mers, et longée, non loin de ses frontières du nord, par un des plus beaux fleuves de l'Europe, la France enfin peut facilement exporter au loin ses produits, et recevoir en retour les richesses étrangères. Que lui manque-t-il donc pour arriver au plus haut degré d'une prospérité que tout à l'envi semble lui promettre? Il lui manque d'imiter la nature dans ses procédés, c'est-à-dire qu'elle oublie beaucoup trop d'unir chacune de ses parties par les moyens d'une correspondance intérieure habilement ramifiée, prompte, facile, continue.

Huit mille lieues de routes royales, six mille lieues environ de routes départementales, généralement en assez mauvais état; des chemins vicinaux pour la plupart impraticables, des rivières trop peu utilisées, des canaux rares et en partie inachevés, voilà évidemment qui n'est pas assez pour que trente-deux millions d'hommes actifs et pleins de séve se remuent à l'aise et avec avantage sur un espace de vingt-cinq mille lieues carrées. Qu'on ôte ses canaux à la Hollande, ses routes, ses canaux, ses chemins de fer à l'Angleterre, et l'on verra ce que seront ces contrées aujourd'hui si productives, et à quoi tiennent l'activité, l'industrie, la puissance et la richesse des peuples?

Combien, par exemple, la mesure des travaux publics de l'Angleterre est-elle supérieure à la nôtre? Aussi quelle nation au monde peut égaler son industrie, et sur quel marché ne présente-t-elle pas avec avantage ses produits de toute nature?

En 1824, lorsque le parlement anglais procéda à l'enquête qui avait pour but de connaître l'état de l'industrie française, un ingénieur de manufactures, appelé Fairbairn, fut interrogé; on lui demanda si, même en supposant que les Français possédassent d'aussi bonnes machines que les Anglais, il croyait qu'ils pussent rivaliser avec ces derniers pour leurs produits : il répondit qu'il en doutait, parce que les Français avaient contre eux de grands désavantages, et notamment la cherté des moyens de transports.

Depuis moins de quatre-vingts ans, sur une superficie de moitié moindre que la nôtre, et avec une population de dix millions d'habitans, l'Angleterre a vu quinze cents lieues de canaux et près de quarante mille lieues de routes en bon état sillonner ses provinces en tous sens : à ces travaux se joignent en quantité les chemins de fer, les chantiers, les gares, les ports, en un mot, tout ce qui peut favoriser et développer la circulation... Et cette immense et merveilleuse création, croirait-on qu'elle n'est due en grande partie qu'au génie et aux ressources de l'industrie privée : près de quatre milliards ont osé venir se confier aux mains des hommes habiles et entreprenans qui concevaient ces vastes projets d'utilité publique. C'est cet accord, trop rare chez nous, de l'esprit inventif et des ressources du capitaliste qui a produit de si étonnantes choses en si peu d'années. Le gouvernement britannique, de son côté, était heureux de n'avoir qu'à donner liberté et protection : mais liberté bien entendue et protection pleine d'une admirable sagesse, et que notre gouvernement ne saurait assez imiter.

En parlant de cette législation, M. Dutens dit : « Dans toutes les concessions du parlement, on voit » une foule de dispositions qui pourraient nous sembler minutieuses, mais qui ont cet inestimable avan» tage de ne rien laisser à l'interprétation ni à l'arbi» traire, d'éviter l'inconvénient des instructions admi» nistratives, et de former un corps de règlemens clairs » et positifs, qui deviennent la loi des tribunaux dans » les cas très-rares où l'on est obligé d'y avoir recours. »

Il y a sans doute beaucoup à faire pour établir et généraliser en France un aussi beau système de circulation intérieure; mais avec du temps, des efforts et l'esprit de nationalité, il peut se réaliser : ayant surtout en nos mains ce que n'avait point l'Angleterre, un corps spécial, plein de science et de patriotisme, et non moins habile à projeter les travaux qu'empressé à les faire exécuter, l'entreprise est moins difficile; la poursuivre activement serait même en ce moment opportun et politique, car sans cela que faire de ces milliers de bras que rejette chaque jour, affaissée de son malaise, l'industrie privée; bras dont la force ne peut être que dangereuse, si elle n'est pas prudemment employée.

Comment ensuite faire sortir l'agriculture de sa gêne si accablante, si on ne l'aide à diminuer ses frais de production, et si on ne facilite le mouvement embarrassé des denrées, dont les frais de transport aujourd'hui absorbent presque partout le mince bénéfice? Nous ne doutons pas, d'après l'étude particulière que nous avons faite de ses besoins, que ce ne soit là l'allégement le mieux entendu qu'on ait à lui offrir, allégement dont elle pressent elle-même l'importance; car de tous côtés, dans nos campagnes, on ne demande que chemins, routes et canaux.

« Transportons-nous en imagination, dit M. Say, » dans certaines parties des montagnes d'Auvergne ou » du Jura, nous y verrons de superbes sapins que l'on » peut acheter pour un franc, mais qu'on ne peut pas » sortir du lieu où la nature les a fait croître. A vingt » lieues de là, dans les chantiers d'une ville, chacun » de ces beaux arbres vaudrait 40 francs peut-être.

» Telle est du moins la somme que l'on pourrait les y » vendre actuellement. Si le gouvernement ouvre une » route qui permette qu'on les y transporte, il élèvera » donc une somme de 1 franc à 40. »

Ce que dit notre célèbre économiste du bois dans un pays de montagnes, on le peut dire des grains, des vins, des fourrages, en biens d'autres lieux.

Bien que disséminées sur un vaste espace, et par cela même moins redoutables pour un mouvement tumultueux, les populations rurales n'en méritent pas moins de fixer, par leurs plaintes, toute l'attention du Gouvernement; car, une fois irritées et appauvries, il ne suffit pas d'un jour pour leur rendre le calme et raviver leur force productive éteinte : on semble oublier en France que l'agriculture est la première industrie des nations ; que c'est elle qui en assure la vie, la force, le repos, et qu'en nul endroit, sans l'abondance de ses produits, nulle autre industrie ne peut être ni durable ni fructueuse.

En général, s'il est vrai que l'on veuille enfin songer aux intérêts matériels de la société, c'est vers le point d'activité que nous indiquons, qu'à l'exemple des autres peuples, nous devons tourner nos vues et porter nos efforts.

Avec quels soins, depuis quelques années, ne voit-on pas le sage gouvernement des État-Unis s'occuper des routes et des canaux! Le président Jackson, particulièrement, semble voir dans ce progrès un titre assuré de gloire pour le temps de son administration; et cependant nulle contrée ne pourrait mieux que l'Amérique se passer des moyens artificiels de communication, sillonnée qu'elle est par les plus beaux fleuves du monde; mais c'est avec raison que les Américains pensent que la nature même la plus prévoyante a souvent besoin d'être aidée, complétée dans ses bienfaits; et qu'en fait surtout de moyens de relation sociale, on ne peut les tenir pour suffisans que lorsqu'ils sont généraux, et qu'ils font d'un même peuple, pour ainsi dire, une même famille qui puisse sans peine s'aider, s'entendre, et, au besoin, se voir et se connaître.

Peut-être en France a-t-on, malgré une nécessité bien reconnue et toujours avouée, différé d'améliorer la partie de notre législation qui tient à la circulation pour la lier avec la nouvelle organisation départementale; mais il nous semble que l'on aurait dû raisonner autrement: les mesures sur la circulation sont assez importantes pour faire un corps de lois à part. Il nous semble prudent, d'ailleurs, d'éviter de lier une chose d'utilité incontestable, majeure, permanente, avec un essai politique qui peut être fautif ou tout au moins appeler certaines préventions qui, même injustes, n'en sont pas moins fâcheuses, et ne doivent jamais pouvoir atteindre les institutions vitales et essentielles de la société.

Chercher à mettre les hommes de contrées différentes en rapport suivi, c'est aussi poursuivre un but moral bien important pour la société; c'est rendre plus facile la *leçon des voyages*, leçon salutaire et vivante, qu'avec soin a toujours prescrit une saine philosophie.

En effet, l'homme qui a beaucoup vu, mieux que tout autre, compare, crée et perfectionne, il est circonspect à apprécier les choses, parce qu'il a appris par sa propre expérience combien souvent est trompeur un premier jugement; il est indulgent aussi pour les idées et les coutumes qui diffèrent des siennes, parce qu'il sait bien que dans le monde tout ne peut pas, ne doit pas même se ressembler.

L'homme, au contraire, qui n'a pu quitter les lieux qui l'ont vu naître, a peine à croire à quelque chose de supérieur à ce qui l'entoure ; sa longue vie se passe dans un cercle d'idées aussi rétrécies que son horizon ; on est presque sûr de trouver en lui l'amour des préjugés et de la routine que nourrit son ignorance native, heureux encore lorsqu'une sotte vanité n'ajoute pas à ces défauts. Faisons donc que le bon naturel ne se gâte pas ainsi ; faisons surtout que le génie ne passe pas souvent inaperçu, faute d'occasion de se développer, de se produire et de se faire apprécier.

La circulation intérieure d'un pays se forme de deux élémens principaux : les moyens de transport par terre, les moyens de transport par eau.

Les moyens de transport par terre comprennent les chemins et les routes de toute espèce.

Les moyens de transport par eau comprennent les rivières et les canaux.

La création de ces moyens divers tient à trois conditions importantes :

1°. Les capitaux ;

2°. Les hommes propres à l'exécution des travaux ;

3°. Les mesures de législation.

1°. Les capitaux ? C'est aux chambres à les voter comme dépenses d'urgence, et au peuple à se bien pénétrer de l'utilité de l'allocation. Si nous en exceptons ce que l'on fait pour garantir la sûreté publique au dedans comme au dehors, il n'y a point de meilleur emploi à faire du revenu public; c'est par-là qu'on multiplie sûrement la richesse nationale, et que bientôt les citoyens se félicitent d'un sacrifice momentané. Pour accélérer le développement de la circulation intérieure de la France, fût-il même besoin d'un emprunt, on ne devrait pas trouver mauvais que l'on y recourût. Emprunter pour dissiper avec prodigalité est un tort grave; mais le faire pour créer des instrumens de production, c'est prévoyance et sagesse. Pour ménager les ressources du présent, on nous semble ici pouvoir avec raison imposer pour quelque chose l'avenir; ce sont surtout les élémens de travail qu'il faut veiller à ne pas arracher des mains industrieuses qui les possèdent, et l'impôt plus que l'emprunt a ce grave inconvénient : le prêteur ne donne que ce qu'il a de trop, le contribuable est souvent tenu de donner plus que sa situation ne le comporte.

2°. Les hommes propres à l'exécution des travaux? Cette condition peut être en France, sous tous les rapports, largement remplie. Depuis trente ans, notre célèbre école polytechnique nous donne tous les talens que réclament la conception et la conduite des grands travaux d'utilité publique qu'attend le pays, et la main-d'œuvre, comme nous l'avons déjà fait pressentir, ne peut de long-temps manquer au milieu de nous.

3°. Les mesures de législation? Voilà assurément notre côté le plus faible et celui auquel il faut le plus tôt songer, si nous voulons arriver à créer quelque chose, et surtout à le conserver.

Ce n'est pas que nous manquions de lois sur ces matières, nous en avons même un bon nombre; mais on les trouve tellement disséminées dans le vaste amas de nos autres lois, qu'on peut les regarder comme n'existant pas pour la plupart de ceux qui ont besoin de les interroger. Indépendamment de ce défaut, il faut dire encore qu'elles offrent des lacunes aussi nombreuses qu'importantes.

La refonte de toutes les lois nécessaires pour bien régler la confection, l'entretien et la surveillance des chemins et des cours d'eau, soit naturels, soit artificiels, et qu'on réunirait en un recueil qui pourrait être appelé le *Code de la circulation*, est en ce moment le besoin le plus pressant de la France, et celui qui peut influer le plus sur son avenir agricole, industriel, commercial, politique même.

Persuadé que dans les circonstances graves et compliquées où nous nous trouvons, on ne peut raisonnablement exiger que le gouvernement et les chambres puissent en un même instant tout voir, tout étudier, tout embrasser, tout coordonner, nous livrons nos idées sur ce point spécial à la publicité, et nous appelons sur elles la discussion, qui toujours éclaire un sujet, élabore et perfectionne un premier plan.

Le cadre de notre travail est assez simple, c'est celui d'un projet de loi : formuler ainsi nos idées n'est pas, nous le sentons bien, le moyen le plus heureux de jeter de l'éclat sur notre œuvre; mais il nous a paru être le plus propre à l'exposition de nos vues de bien public, et dès lors nous n'avons point balancé un instant dans le choix; puisse-t-il être pour quelque chose dans la réforme qu'appellent les souffrances du pays!

Sans doute la forte et immense secousse qui a naguère si violemment agité tous les esprits, a dû troubler aussi et ralentir la marche ordinaire des choses ; mais cependant il faut reconnaître que la cause de notre grand malaise industriel date de plus loin, et si la France avait eu la prévoyance et l'esprit calculateur de l'Angleterre, elle ne serait pas encore à chercher le remède. Quand est-ce donc que l'exemple des autres ne sera pas perdu pour nous ? Imiter les peuples voisins dans ce qu'ils font de bien, ce n'est pas seulement de l'habileté, c'est aussi du patriotisme; en France, nous sommes, il est vrai, ardens à faire les brillantes, les belles choses, mais malheureusement nous ne savons pas encore nous passionner pour les choses seulement utiles et simples.

Quelque déplorable que soit ce passé, quelque grande que soit notre incurie, tout n'est pas cependant perdu ; il y en France de la ressource pour couvrir bien des fautes; mais notre salut, disons-le aussi, tient beaucoup aux choix et à la promptitude du remède.

Pour rendre notre travail moins imparfait, nous avons dû ne négliger aucun des moyens qui pouvaient nous éclairer : dans ce but, nous avons visité les pays de la France les plus riches, les mieux percés, comme les contrées les plus pauvres, les plus isolées; tout en observant, nous avons interrogé et consulté chacun de ceux qui pouvaient nous instruire, l'homme de l'art, le juriste, le propriétaire, l'industriel, le commerçant. Une fois instruits par les faits et guidés par les conseils, nous avons dépouillé les lois nombreuses qui régissent les chemins et les canaux. Après cela nous avons tenu à connaître les opinions diverses publiées sur ce vaste sujet, et nous avons attentivement lu les savans écrits et les recueils utiles de MM. Charles Dupin, Dutens, Cordier, Mac-Adam, Delalau, Davenne, Ravinet; médité les rapports lumineux de MM. Becquey, Pasquier, Molé, Hély-d'Oissel, de Férussac; celui sur le roulage de MM. Tarbé, Dutens, Bérigny, Lamandé, Cavenne et Brisson; enfin, nous croyons consciencieusement n'avoir rien négligé pour approfondir le sujet important qui fait depuis long-temps l'objet de nos pensées, parce qu'à lui se rattachent toutes les questions d'utilité, de paix, comme celles de force, d'action, de puissance.

On trouvera peut-être que nous avons porté une main hardie sur ce qui existe, et qu'en relevant l'édifice nous lui imprimons le cachet d'un esprit un peu novateur; eh! comment ne pas tenter quelque chose, lorsqu'on s'est bien pénétré de l'étendue du mal qui nous presse et de l'insuffisance des remèdes que nous possédons? Ainsi, dans une situation aussi inquiétante que la nôtre, lorsque l'industrie française s'encombre, et par cela même décline, lorsque l'industrie étrangère, mieux secondée, s'ouvre de nouvelles voies et grandit sensiblement aidée qu'elle est par tous les moyens économiques, comment ne pas se réveiller? Que gagner à attendre ou à toujours recourir à un vain replâtrage. On ne connaît vraiment pas notre danger industriel et ses graves conséquences: cependant des malheurs partiels et chaque jour plus nombreux ne devraient-ils pas éveiller la crainte de voir surgir un malheur plus général; qu'on se hâte de lire le décourageant rapport présenté à la commission des routes et canaux, par M. Hély-d'Oissel, et l'on verra s'il y a à reculer d'une session, d'un jour, d'un instant? S'arrêter lorsque les autres marchent et marchent à pas de géant, c'est en industrie tout déserter, tout perdre, tout tuer. Avec cette conviction, on conçoit notre ardeur à demander, à vouloir une réforme.

Comme les travaux législatifs de l'année seront nombreux, nous ne donnons en ce moment à examiner que la partie des moyens de transport par terre, en y joignant nos vues sur l'expropriation pour cause d'utilité publique, et sur la juridiction.

Plus tard nous ferons connaître notre travail sur les moyens de transport par eau; mais à l'avance il sera facile de juger quels en seront les bases et le principe.

Les points suivans ont été ceux que nous avons pris comme base de la partie des moyens de transport par terre :

1°. Réunir dans un même ensemble les dispositions éparses qui régissent les routes et les chemins ;

2°. Remplir les lacunes nombreuses que l'on rencontre dans nos lois sur la matière qui nous occupe ;

3°. Séparer généralement et confier à des autorités distinctes les moyens de confection, et ceux d'entretien des chemins et des routes :

4°. Opposer des remèdes efficaces aux abus du roulage, et établir de bons règlemens pour la police des routes ;

5°. Simplifier et compléter les formalités de l'expropriation pour cause d'utilité publique ;

6°. Enfin trouver un mode simple et peu coûteux de répression des délits et d'appréciation des indemnités.

1°. Il nous semble d'une grande importance que l'on puisse trouver sans peine chacune des dispositions législatives utiles à consulter pour la confection comme pour l'entretien de la voie publique ; cette importance, applicable généralement à tout mode de viabilité, l'est bien davantage à celui de la petite circulation. Nos chemins vicinaux si nombreux, si utiles, sont partout négligés, délaissés, et cela doit être avec une législation telle que la nôtre.

Personne n'ignore que la plupart des hommes chargés de l'administration des communes en France, ne sont pas et ne peuvent être par leur position et leurs habitudes versés dans la science des lois ; et quand même cette science serait plus générale, où donc irait-on puiser les élémens qui la composent ? Depuis un quart de siècle vingt lois, ordonnances et décrets ont été rendus sur les chemins, et de ces mesures diverses, bien que tour à tour abolies dans leurs principales dispositions, il reste presque de chacune quelque article en vigueur ; l'une nous indique la largeur à donner à la route, l'autre son mode d'abornement, celle-ci la peine portée contre les infractions, celle-là la hauteur des clôtures ; enfin il faudrait les connaître toutes ; mais comme c'est à peine si le cabinet de l'homme de loi en renferme l'ensemble, on devine que ce n'est pas alors chacun des chefs de nos trente-cinq mille communes rurales qui aura ces matériaux sous la main. Le gouvernement, il est vrai, a bien entendu que chaque commune reçût le Bulletin des Lois ; mais son vœu à cet égard a-t-il été toujours rempli, et dans ce cas même y a-t-il eu assez d'ordre, surtout dans nos communes rurales, pour que ces utiles collections aient été bien conservées et transmises avec régularité ?

Le seul expédient auquel nous puissions donc recourir aujourd'hui, est de rappeler dans un même cadre toutes les dispositions nécessaires de nos lois actuelles sur les chemins, d'y ajouter celles que de nouveaux besoins réclament, et ensuite de répudier en son entier, comme chose complétement inutile, tout cet amas indigeste de lois qui ne fait qu'alimenter la chicane et désoler l'esprit droit qui ne court qu'après la vérité et ne veut que la justice.

C'est là, au reste, selon nous, un heureux principe de codification que nous voudrions plus généralement voir appliquer : une seule et même loi devrait régir toute matière importante; si dans son premier jet le législateur n'a pas le bonheur de tout prévoir et de tout ordonner, eh bien! qu'il reprenne plus tard, et mieux instruit, l'édifice en sous-œuvre, et le livre dès lors entier et complet; c'est sans doute lui demander plus de fatigue, de soins et d'application; mais aussi combien sa tâche serait-elle plus belle et le bénéfice des lois plus grand! Aujourd'hui que plus de sollicitude pour les résultats va présider sans doute aux importans travaux d'organisation sociale, c'est un point de vue qui nous semble mériter quelque attention.

Mais revenons à notre sujet; et, pour mieux faire sentir la nécessité de remédier au mal que nous dénonçons et dont les suites nous inquiètent, nous demandons qu'on veuille s'enquérir ailleurs que dans nos communes rurales de la position de ceux qui ont intérêt à connaître la législation des routes; on saura leur embarras dans une foule d'occasions; quelquefois même il est arrivé que l'expérience la plus consommée n'a pu indiquer les moyens de trouver une solution; tant le mal tient à l'institution même et non pas aux hommes.

2°. Il n'est personne qui ne sache combien de lacunes importantes se trouvent dans les lois sur la matière qui nous occupe.

La loi de 1824 sur les chemins vicinaux a été un essai et non pas un travail complet; tous les orateurs qui prirent la parole dans la discussion, et les commissaires eux-mêmes du gouvernement, en firent l'aveu, et cela ne serait pas, que le peu de résultats obtenus en montre toute l'insuffisance.

Ce que nous disons de la loi spéciale aux chemins vicinaux, nous le pouvons appliquer avec non moins de raison à la législation des routes: on a besoin, pour empêcher une dégradation de jour en jour plus sensible, d'une prompte et radicale réforme. La faiblesse des allocations pour les frais d'entretien contribue sans doute à leur mauvais état, mais la législation y entre pour beaucoup aussi; nous ne concevons pas de bonnes routes sans de bonnes mesures de conservation, et les lois actuelles n'en indiquent pas de suffisantes. Combien encore il est urgent de diminuer les embarras nombreux que l'on rencontre à chaque pas sur toute espèce de chemins, d'indiquer les moyens de prévenir les accidens, d'orienter le voyageur, etc., etc.

3°. Partager entre des pouvoirs distincts les opérations diverses que demandent la confection et l'entretien des chemins, ne peut avoir qu'une salutaire influence en faisant naître entre tous ceux qui seront chargés de s'en occuper l'esprit d'émulation.

2

Pour la partie des chemins vicinaux, il suffit que les conseils municipaux, assez occupés par les soins à donner aux intérêts nombreux des communes, n'aient à voter que les fonds nécessaires à l'entretien, et laissent à des comités spéciaux l'entière direction des travaux.

Pour les routes départementales, les soins à donner aux travaux de confectionnement et aux ouvrages d'art préoccupent assez le corps des ingénieurs pour que leurs momens précieux ne soient pas autant absorbés par les travaux d'entretien auxquels, du reste, pour les bien conduire, il faut sacrifier plus de temps et de zèle que de haute capacité. Partout où nous croyons la présence et le conseil de l'ingénieur utiles, nous sommes portés à y recourir; mais ailleurs nous nous faisons un devoir de n'en être pas prodigues, persuadés que nous sommes que les services publics d'une haute importance, et que même les grandes industries privées les emploieront bien mieux à l'avantage général de la société.

4°. La nécessité de modifier nos règlemens de roulage et de prendre de nouvelles mesures de surveillance est on ne peut plus pressante en France. Ici surtout il y a beaucoup à faire et à changer : le poids du chargement permis par nos règlemens serait excessif, quand même l'infidélité reconnue des agens vérificateurs n'en autoriserait pas un beaucoup plus fort; c'est là un *droit d'user et d'abuser* exorbitant, et qu'il faut d'autant plus restreindre, que cette exigence tournera définitivement à l'avantage de tout le monde, même des entrepreneurs de roulage, comme nous le leur démontrerons dans notre justification de détail.

5°. Notre avant-dernier principe sur les indemnités

de terrain dues aux propriétaires dépossédés est sans doute le point le plus épineux de notre travail, mais il en est aussi le plus important, et nous l'abordons franchement, parce que, quelque proposition qui soit faite, rien ne pourra être plus fâcheux et plus fécond en déplorables résultats que l'état actuel des choses : si l'on ne se décide à le changer, nous tenons, avec M. Hély-d'Oissel, pour impossibles tous nouveaux travaux publics, à moins que l'état ne se résigne désormais, pour satisfaire une cupidité toujours croissante, à jeter des millions à la tête d'avides, disons même de mauvais citoyens... car, prétendre exiger le centuple d'une équitable indemnité, user même d'artifice pour créer ce droit, ce n'est en tous temps, en tous lieux, envers tout le monde, autre chose que tromperie et spoliation coupable. C'est à l'opinion publique qui juge plus sainement aujourd'hui à réformer nos mœurs sur ce point.

Parfois, sans doute, par exemple sous un gouvernement rapace, qui ne sait que pressurer le peuple entasser ou dépenser avec prodigalité; on peut, sans grands remords, être difficilement traitable; mais, dans un pays bien régi, où l'impôt n'est qu'une nécessité appropriée aux besoins et aux services publics, on ne peut pas loyalement, on ne doit pas raisonner ainsi.

Cette avidité que nous condamnons envers l'état, nous la qualifions bien plus sévèrement encore envers les particuliers et les compagnies concessionnaires, aujourd'hui mis dans l'impuissance de rien entreprendre d'utile au pays; cependant qui profite donc d'une route, d'un canal, si ce n'est d'abord les riverains ?

Peut-on aussi mal connaître ses véritables intérêts! ne voyant que soi, on se dit que quelques exigences de plus n'entraveront pas une grande opération; mais que l'on songe donc que d'autres peuvent imiter ce fatal exemple, et qu'ainsi s'arrêtent et se perdent les plus beaux projets, les plus utiles entreprises?

Fixer le montant de l'indemnité d'un terrain d'après le revenu constaté par des baux, comme la commission de 1828 l'a proposé, est une base qui nous semble excessivement fautive. Le fermage est loin d'être général en France : on y cultive plutôt à moitié fruits, et là même où il existe il ne détermine rien de précis, puisque son prix porte sur la masse d'une propriété et non pas sur chacune de ses fractions, dont la valeur peut être fort différente. Comment d'ailleurs déterminer le revenu d'un terrain lorsqu'il n'est pas en culture? Quel est aussi le revenu d'un bâtiment consacré à l'usage du propriétaire, etc., etc.? Procéder ainsi, c'est toujours vouloir recourir aux expertises et à des juges étrangers aux localités, et c'est ce que nous pensons qu'il faut par-dessus tout éviter.

Fixer le *maximum* de l'évaluation des terrains à cinquante fois leur revenu, est encore un moyen de tomber dans le piége que l'on veut éviter; ainsi un terrain porté à vingt francs de revenu, au lieu de dix qu'il en donne réellement, et ce point est difficile à contester, devra être payé par cela même mille francs au lieu de cinq cents francs, prix véritable, ce qui par toute autre voie d'appréciation n'arriverait vraisemblablement pas; et au lieu d'un double revenu, ne peut-on pas en faire adopter un triple, un quadruple, au moyen d'experts complaisans; et y aura-t-il dès lors un terme à l'exagération des prix?

En Angleterre, où même l'on n'accorde comme *maximum* d'évaluation que quarante fois le revenu, on se plaint généralement de ce mode d'appréciation; ce n'est donc pas à nous à le faire passer dans nos lois.

Si l'on n'adoptait pas les bases que nous proposons, nous préférerions à celle du revenu constaté la règle suivie en pareille matière dans les cantons suisses, qui fixe le *maximum* de l'évaluation des terrains à une fois et demi le prix des biens, calculé sur la valeur du fermage; mais encore ici y aurait-il insuffisance d'aperçus dans les localités où les terres ne se donnent pas en fermage et les bâtimens à loyer.

6°. En proposant une nouvelle législation pour la voie publique, il était indispensable d'indiquer une juridiction qui pût en appliquer avec avantage les dispositions, et à laquelle on pût enfin, sans crainte d'entraîner la ruine des parties, adresser ses plaintes et demander justice: quand même on n'aurait pas une pleine confiance en sa bonté, nous ne voyons pas de raison plausible pour ne pas l'éprouver; tous les élémens existent, il ne s'agit que de leur donner le mouvement, et lorsqu'on peut le faire sans frais, sans péril, sans obstacles venant des personnes ou des choses, qui donc l'empêcherait?

A Dieu ne plaise que nous accusions l'intégrité et les bonnes intentions de nos juges actuels, en fait de chemins et d'expropriation; mais, pour bien juger, il faut être bien instruit; et, comme nous le prouverons plus tard, nos juges ne le sont pas et ne peuvent l'être suffisamment, quelles que soient les précautions qu'ils prennent pour éclairer leur religion ; ce n'est donc pas alors seulement la loi ou la jurisprudence, c'est encore le tribunal qu'il faut changer.

Avant de sortir du résumé des idées générales qui ont guidé notre travail, nous devons faire remarquer le soin que nous avons mis à nous sauver des inconvéniens fâcheux de la centralisation : elle peut être bonne à régler les affaires d'un intérêt général ; mais ce n'est jamais qu'à tort et avec dommage qu'on l'appelle à connaître des choses de détail que les administrations locales peuvent seules apprécier en connaissance de cause : l'administration supérieure ne pouvant, dans ces cas, que s'en rapporter aux informations qu'on lui donne, pourquoi dès lors la faire intervenir et ajouter à un rouage toujours assez compliqué? La centralisation a de plus l'inconvénient grave de laisser souvent et long-temps suspendus des travaux d'urgence et dont le retard ne peut qu'accroître la dépense ; c'est par elle encore que les frais généraux arrivent à ce chiffre élevé qui effraie, que l'on combat chaque année, mais que l'on combattra toujours vainement, si on ne remonte au principe qui le produit. Là où l'on introduit le travail, il faut nécessairement payer l'ouvrier, il n'y a d'autre moyen d'économiser son salaire que de se passer de son service. La centralisation a enfin l'inconvénient, et pour un grand état c'est le pire de tous, de beaucoup trop préoccuper les hommes de tête et à grandes vues, qui, au timon des affaires, ont besoin de temps et de calme pour juger sainement des nécessités générales du pays.

La partie technique n'a pas dû nous occuper dans ce

travail, elle est tout-à-fait l'attribution de l'homme de l'art. Rien n'est moins arrêté d'ailleurs que le meilleur mode de construire les routes, et puis l'on n'ignore pas combien, en pareil cas, les accidens de terrain, la nature des matériaux ou le climat demandent des dispositions différentes. Le système de Mac-Adam, par exemple, fort vanté en Angleterre, a trouvé en France une assez vive opposition ; mais peut-être bien demanderait-il d'être plus généralement éprouvé ; il peut n'avoir pas, sur la bonté des routes, l'influence que Mac-Adam lui prête ; mais ses principes, ramenés à une moins sévère précision, nous paraissent devoir procurer des résultats qui ne sont pas à dédaigner. Il est rare que les créateurs d'un système n'en exagèrent point les principes et les conséquences; mais les hommes sages arrivent, qui dans la pratique les réduisent à de raisonnables proportions : les commissaires voyers et routiers qui, comme Mac-Adam, ne seront point ingénieurs, auront à méditer son mode de confection et d'entretien des routes.

Chemins communaux.

Maintenant que l'on connaît suffisamment le point de vue d'où nous sommes partis, nous devons dire quelque chose des dispositions de détail.

Admettant, dans chaque commune, plusieurs espèces de chemin, nous avons dû, comme le faisait le projet ministériel de 1824, les désigner par le terme générique de *chemins communaux.*

Le classement des chemins communaux que nous

prescrivons rigoureusement aux conseils municipaux, est une opération indispensable et que l'on a négligée jusqu'ici dans la plupart des communes. L'autorité supérieure devrait tenir la main à son exécution. Nous croyons donner à l'avenir aux particuliers de suffisantes garanties pour les préserver de toute injustice de la part de l'autorité, ce que n'avait pas fait la loi de 1824. C'était le maire qui décidait à peu près seul du classement et des travaux d'entretien ; aujourd'hui ce pouvoir sera confié aux conseils municipaux, ainsi qu'aux comités des chemins, et il y a plein espoir d'une plus équitable répartition.

Nous maintenons la *prestation en nature* pour les chemins vicinaux à cause de ses bons résultats et parce que nous n'y voyons pas le cachet odieux qui a fait justement frapper de mort la *corvée ;* celle-ci devait être repoussée, parce que tout le monde n'y était pas assujetti, et que le plus souvent le malheureux corvéable ne travaillait ni pour lui ni pour aucun des siens. On le traînait à de grandes distances pour prêter ses bras à l'exécution de travaux que la faveur faisait commander, bien plus que l'utilité générale ; les exigences de l'autorité étaient aussi en pareil cas sans mesure, et écrasaient les populations rurales. La prestation en nature, au contraire, est proportionnée aux forces de chacun, et n'est jamais qu'un travail circonscrit dans le rayon communal ; enfin, dans tous les cas, elle se peut racheter.

La loi de 1824 ne permet de voter que 5 centimes additionnels dans le cas d'insuffisance de la prestation en nature; nous voudrions doubler la faculté de cette imposition, tant nous sommes persuadés qu'il y a de l'importance et même de l'économie à avoir de bons chemins : nous maintenons également les impositions extraordinaires, et même nous permettons les emprunts, espérant qu'on n'abusera pas de ce moyen heureux de faire contribuer l'avenir dans la création des entreprises d'utilité publique. Lors du vote des centimes additionnels, la loi de 1824 exigeait l'adjonction des plus imposés en nombre égal à celui des conseillers municipaux; aujourd'hui que les conseils sont l'expression du système électif, et qu'ils sont plus nombreux aussi, nous croyons cette adjonction peu nécessaire; elle a d'ailleurs quelquefois contrarié des travaux utiles, car des propriétaires, n'ayant point leur domicile réel dans la commune, n'en voyaient pas tout l'avantage.

Nous regardons la prestation en nature, soldée en argent et fixée aux deux tiers du prix courant des journées des travailleurs de terre, comme une bonne mesure, parce qu'au fond on aura le même travail, qu'il sera mieux fait par des travailleurs payés, et que l'on aura le moyen d'acheter des matériaux s'ils sont nécessaires.

L'indolence de beaucoup d'habitans qui ne sentent pas encore le prix du travail que l'on exige d'eux, nous porte à fixer le temps de la journée. Neuf et dix heures de travail, selon la saison, ne nous paraissent pas une tâche excessive, et une fois que l'on sera sévère à exiger le solde entier de ce que chacun devra, il y aura un meilleur résultat, et bientôt l'esprit public grandissant tiendra lieu des sévérités de la loi.

La création des comités communaux présente des avantages peu contestables : c'est ici l'application du principe de la division du travail, dont l'industrie connaît toute l'importance : il restera toujours aux conseils municipaux assez de travaux d'intérêt public à ordonner et à surveiller.

Notre désir a été de faire entrer dans les comités les hommes qui, par état, parcourent le plus les chemins, et par cela même peuvent le mieux connaître le mal et surveiller les travailleurs.

L'établissement dans chaque comité d'un chef dirigeant nous a paru indispensable. Nous espérons qu'un jour les commissaires voyers seront regardés comme des magistrats précieux, et qu'on ne nous reprochera pas l'importance que nous leur attribuons : nous comptons aussi que l'amende dont nous frappons leur refus ne sera pas souvent applicable ; mais nous l'imposons, sachant qu'il est des hommes qu'il faut pousser d'abord au bien et faire quelquefois même violemment sortir de leur apathie, pour en faire des citoyens utiles et d'honorables magistrats : c'est parce que de tels hommes nous sont connus, que nous cherchons à remédier à cette affligeante indifférence.

Une indemnité accordée au commissaire voyer peut être parfois fort profitable à la commune qui la paye, et c'est pour cela que nous la permettons : il est juste qu'un citoyen plus capable que tout autre, et qui sacrifie à l'utilité publique un temps qu'il ne peut raisonnablement donner, reçoive une légère compensation.

Pour ôter tout motif de soupçon, chose surtout fâcheuse pour un magistrat populaire, nous ne rendons le commissaire voyer dépositaire d'aucuns fonds; et, comme tout le monde doit son tribut pour l'amélioration des chemins, nous ne croyons pas trop exiger que de vouloir que le percepteur n'exerce point de retenue sur les fonds prélevés à cet effet.

L'utilité d'un *agent voyer* par arrondissement est incontestable ; c'est un homme qu'il sera facile de trouver parmi les arpenteurs et directeurs de travaux particuliers. Il n'aura pas sans doute le savoir de l'ingénieur du gouvernement, mais cela n'est pas nécessaire. D'ailleurs, lorsque la présence de celui-ci est indispensable, nous la requérons. On n'ignore pas ensuite que dans beaucoup d'arrondissemens il n'y a même pas d'ingénieur, et cependant, dans une foule de cas, il faut à l'administration un homme qu'elle puisse envoyer sur les lieux, écouter et croire en toute confiance avant de prendre parti au milieu de prétentions contraires.

Nous prescrivons aux comités un travail préliminaire, comme nous en avons prescrit un aux conseils municipaux : pour eux c'est une statistique des chemins ; si elle est bien faite, elle sera on ne peut plus précieuse ; n'eût-elle même que l'avantage d'empêcher les nombreux empiétemens des particuliers sur la voie publique, elle deviendrait indispensable : c'est par elle encore que l'on appréciera le travail des comités, et que par la suite chacun y trouvera le certificat de son zèle et de sa capacité. L'agent voyer devra aider les autorités locales dans ce travail.

L'indication de chaque chemin, comme *bon*, *médiocre* ou *mauvais*, aura le désirable résultat que successivement l'on s'occupera de tous, et que l'on ne verra plus dans la même commune des chemins entretenus dans un véritable état de luxe, et d'autres laissés dans un entier abandon.

On s'étonnera peut-être que nous mettions sous la

direction des conseils municipaux et des comités les chemins privés et les chemins mitoyens, propriétés qui n'ont point un caractère public; mais nous le croyons nécessaire pour ne plus laisser dans les communes des chemins impraticables, et, mieux encore, pour tarir la source de ces milliers de procès qui ruinent les familles, et où l'amour-propre est bien plutôt en jeu que l'intérêt de la propriété : ce n'est pas là une des moins notables améliorations que nos besoins réclament.

La plantation des arbres ne peut-être, sur aucune espèce de chemins, soumise à une règle générale; elle est tout-à-fait un objet de localité : ici les arbres peuvent être très-utiles, là ils seront éminemment nuisibles; quant à leur élagage, il est toujours indispensable pour le bien de la route; on sait d'ailleurs combien, dans la plupart de nos chemins de traverse, le cavalier éprouve, par suite de cet oubli, d'embarras et d'accidens.

La largeur des chemins vicinaux nous a paru bonne à déterminer : elle contribue puissamment à leur bonté : cette largeur ne sera pas sans doute, dès le principe, rigoureusement exigée, mais il est indispensable d'y arriver un jour, et dès aujourd'hui, partout où il sera facile de l'établir, on doit le vouloir : nous désirons, d'un autre côté, qu'on ne la dépasse pas, même alors qu'on le pourrait faire sans peine; le chemin le plus large est loin d'être d'ordinaire le plus convenable; la réparation en est coûteuse et le bon entretien difficile.

Il était important de donner aux commissaires voyers un pouvoir suffisant pour punir les mauvais travailleurs, et c'est à quoi nous avons été attentifs. Comme un commissaire ne peut non plus présider utilement à tout lorsqu'il y a plusieurs chemins en réparation, la loi doit l'autoriser à se choisir des suppléans.

L'entretien des fossés mis à la charge des communes est sans doute une charge de plus pour elles, mais c'est là une mesure indispensable ; sans cette condition, il faut renoncer à vouloir de bons chemins : qui ne connaît, d'un côté, l'incurie des grands propriétaires qui laissent les fossés toujours engorgés ; de l'autre, au contraire, l'avidité des petits propriétaires qui, non contens d'en enlever la terre, si souvent indispensable aux réparations, creusent encore de manière à entraîner la chute du chemin, et se hâtent de couvrir leur champ ou vigne de ses débris, causant ainsi à la voie publique un mal incalculable. Dans les pays où la pierre est trop rare pour ferrer les chemins, cette modification est on ne peut plus désirable ; au reste, ce que nous demandons là est une mesure que les ponts et chaussées se sont vus forcés d'adopter pour les routes royales, et qu'ils ont jugée inséparable d'un bon et durable entretien.

L'habitude de faire de la litière sur les chemins pour produire des engrais, est contraire à la bonté des routes et à l'état sanitaire ; il faut donc la bannir.

Quant aux empiétemens si fréquens dans nos communes, ce n'est que par une forte amende que l'on peut en préserver nos chemins.

Le droit de se clore est laissé à chacun, nous le reconnaissons pour utile et même nous le recommandons comme favorable aux améliorations agricoles ; seulement, nous ne voulons pas que chaque propriétaire l'exerce à son gré et transporte le chemin sur le point à lui sans doute avantageux, mais, par cela même, presque toujours dommageable au public : avant, comme depuis la loi de 1824, on ne saurait croire combien, par suite de cette lacune, on a fait de tort aux chemins vicinaux. L'autorité doit nécessairement tracer la route, exiger la largeur et l'emplacement convenables, et, si on ne la consulte point, elle doit, sans ménagement, faire rétablir les lieux dans leur état primitif, mesure qu'aujourd'hui il est difficile, pour ne pas dire impossible, de prendre, par l'ignorance où l'on est des formalités à remplir, ou par la crainte d'attirer sur les délinquans des frais de justice énormes.

L'établissement des cantonniers dans les communes rurales est une mesure bien essentielle : un chemin est une vraie machine dont on ne peut sans perte détourner un instant l'ouvrier qui la soigne. L'écoulement donné aux eaux ,une pelletée de terre, un gazon mis à propos, empêchent souvent une détérioration fort coûteuse par la suite. Dans les pays d'orages et dans les contrées sablonneuses, c'est une nécessité plus forte encore.

M. Berthault Ducreux, ingénieur des ponts et chaussées, auteur d'une excellente notice sur les grandes routes et les chemins vicinaux, insiste avec raison pour l'établissement des cantonniers dans toutes les communes. A l'appui de sa demande, il cite le fait suivant, que nous aimons à reproduire :

« Dans une commune du département de Saône-et-
» Loire, appelée Fontaine-les-Châlons, le maire a eu le
» bon esprit d'établir deux cantonniers sédentaires; et
» telle a été la promptitude et l'évidence des bons ré-
» sultats de cette mesure, qu'il n'y a pas eu dans tout
» le pays une seule voix qui ne s'en soit félicitée et qui

» ne s'en félicite chaque jour. Cette commune, sise en » plaine, n'avait que des chemins affreux; ils ont déjà » entièrement changé de face, et dans trois ans ils se- » ront probablement les plus beaux de France. M. le » sous-préfet de l'arrondissement, qui les a visités avec » une attention particulière, est tellement convaincu de » l'efficacité de cette méthode, qu'il ne cesse d'engager » les maires à l'adopter. »

Comme il est des communes pauvres, on peut les ménager, en ne leur imposant pas des cantonniers à l'année; mais pour elles six mois de travail ne sont pas une trop forte exigence.

On ne saurait trop multiplier les surveillans des routes; ainsi, aux cantonniers, nous adjoignons, comme officiers de police, les gardes champêtres, les gardes forestiers et les gendarmes.

Avare comme nous le sommes du temps des hommes laborieux, nous devions aviser à ce que nos chemins ne restassent pas un vrai labyrinthe; puisqu'à peu de frais on peut guider le voyageur, pourquoi le négliger? C'est un soin que l'Anglais calculateur n'a pas dédaigné de prendre, ne craignons pas de l'imiter dans ce qu'il a fait de bien. Des poteaux, placés au sortir des villes, et renouvelés près des embranchemens principaux, donneront une indication suffisante; et là où la route n'est point encore tracée, comme dans les pays de Landes, l'on peut sans peine, au moyen d'un léger fossé, maintenir le voyageur dans la voie. En Champagne, en Gascogne, en Bretagne, que de temps pedru, que d'affaires manquées, par suite de cette incurie! Nous pourrions même ajouter, que d'accidens amenés!

L'adjudication des travaux et de la fourniture des

matériaux se recommande assez d'elle-même, et nous n'avons pas besoin d'insister à cet égard.

Les travaux d'art entrepris dans nos communes rurales finissent souvent par de trop fâcheux résultats pour ne pas conseiller de recourir à l'avis des agens voyers, et quelquefois des ingénieurs ; ce sera une légère dépense dont on sera largement récompensé.

La visite des chemins vicinaux par le sous-préfet et l'ingénieur est un devoir que son importance nous porte à rendre impératif. Jusqu'ici il a été beaucoup trop négligé ; il y a du bien à faire jusque dans les plus petites localités, et pour l'opérer il faut les connaître avec détail. Cette visite sera à la fois, et un stimulant pour les autorités paresseuses, et la récompense flatteuse des bons citoyens qui tiennent à remplir avec zèle et droiture la mission, souvent fort pénible, mais toujours si honorable, de magistrat communal.

Routes d'arrondissement.

Toutes les routes de département sont désignés aujourd'hui comme *routes départementales.*

Nous croyons utile de rappeler un ancien classement, celui qui admettait des routes de département et d'arrondissement. Quelques départemens l'ont même repris, notamment, à ce que nous croyons, le département de la Haute-Garonne. C'est en effet le seul moyen d'arriver à faire voter des routes fort utiles, mais qui, dans l'état actuel des choses, ne seront que difficilement autorisées par les conseils généraux de département, vu qu'elles n'intéressent qu'un arrondissement. Il est assez naturel qu'on ne s'impose pas de bon gré pour les autres, et à son propre détriment. En établissant des routes d'arrondissement votées par les intéressés seuls, sauf une nécessaire approbation, la difficulté est toute levée.

Nous donnons aux routes d'arrondissement et de département une largeur de six à dix mètres, avec pouvoir de l'étendre aux abords des villes. Cette latitude de quatre mètres pour des routes qui ont une même destination est préférable à un mode uniforme, parce qu'avec elle nous pensons que moins difficilement les conseils d'arrondissement et de département feront passer un chemin d'une classe dans une autre, n'y voyant pas la nécessité absolue des frais d'élargissement.

Quant à la largeur par elle-même, elle nous semble suffisante, au moins dans son *maximum*. En Angleterre elle ne dépasse guère, sur aucun point, cette limite, et cependant les routes y sont généralement plus courues que ne le sont les nôtres : et, dans nos villes, la largeur ordinaire des rues n'indique-t-elle pas la mesure convenable à une active circulation? Une largeur excessive consacrée aux routes, qui ne sont au fond qu'un instrument de travail, est une véritable dépense de luxe, et le luxe est tout aussi déplacé en cela que dans tel autre instrument de production; et voulût-on passer quelque ostentation dans les travaux de gouvernement, que ce ne devrait être, dans tous les cas, qu'après avoir fait jouir le public de tout ce qu'il a droit d'attendre d'utile, et comme nous sommes loin, en France, de posséder de tels avantages, il convient d'être plus soigneux dans l'emploi de nos ressources.

Louis XIV, qui voyait le côté grandiose des choses

plutôt que le côté utile, a donné en France le goût fâcheux des routes fort larges, et ce goût, depuis, s'est malheureusement maintenu. Avec de moins belles routes, nous en eussions eu un plus grand nombre d'ordinaires, et ç'eût été bien préférable pour notre développement industriel et commercial. Pour l'avenir, il est donc à désirer que l'on prenne une autre marche. Les nouvelles routes doivent recevoir moins de largeur, et les anciennes, lorsqu'elles donnent lieu à un trop coûteux entretien, pourront être réduites à de moindres proportions.

Au reste, on ne doit point s'effrayer de cette modification; ce que nous perdons en largeur, nous voulons qu'on le gagne en bonté, et l'on y arrivera par la suppression des *accotemens* ou bas côtés en terre, dont l'inutilité et même le danger sont assez généralement constatés, au moins sur la partie des routes où la circulation est très-active.

En hiver, les accotemens n'offrent qu'une boue qui ne permet le passage ni aux voitures ni aux piétons; en été, ils n'amènent qu'une poussière aussi incommode aux voyageurs qu'aux animaux, et lors de la rencontre de deux voitures, c'est à la nécessité de quitter la chaussée, trop étroite, et de se rejeter sur les bas côtés, que sont dus ces versemens répétés dont on se plaint si généralement. Il n'y a, pour y remédier, qu'à paver ou à ferrer l'entière largeur de la route, qui, réduite à dix mètres au plus, n'entraînerait pas la dépense qui fait qu'aujourd'hui on ne peut entreprendre cette amélioration; à l'économie des matériaux se joindrait celle de l'achat des terrains; par cette mesure aussi, l'entretien des routes serait moins coûteux, tandis qu'aujourd'hui, à cause de la largeur des bas côtés, les cantonniers sont forcés à un travail excessif et continu.

M. le baron Pasquier, dans le rapport déjà mentionné, et avec lui plusieurs ingénieurs de mérite, penchent pour cette modification : le soin qui sera pris de barrer tous les points élevés des routes rendront leur rétrécissement moins désavantageux à la circulation.

Sur les routes d'arrondissement et de département nous ferons, si ce n'est pour le présent, au moins pour l'avenir, une nécessité de trottoirs. Pour en démontrer l'utilité, nous ne pouvons que répéter ce qu'en dit M. Dupin dans son bel ouvrage sur les travaux publics de l'Angleterre. « L'Angleterre est aujourd'hui la contrée dont les habitans voyagent le moins à pied, et » néanmoins c'est le pays moderne où l'on a le plus fait » en faveur des piétons. Là, le sol de la voix publique, » partout uni et bien battu, est à la fois agréable et » facile à la marche; là, pour épargner aux gens de » pied l'inquiétude et la fatigue de se ranger sans cesse » afin d'éviter la rencontre des équipages, on a soin » d'élever des trottoirs le long de la plupart des grandes » routes, et surtout dans le voisinage des villes et des » bourgs. On plante avec solidité des poteaux recou» verts d'une peinture conservatrice ; leur objet est » d'empêcher les voitures et les chevaux d'envahir les » trottoirs. Des peines très-graves seraient infligées » aux conducteurs de chevaux et de voitures qui com» mettraient un pareil délit sur des routes à barrière.

» En France, on pourrait, avec un avantage qui ne » serait acheté par aucun inconvénient, donner aussi » des trottoirs à beaucoup de routes plus larges que ne

» l'exigent les besoins du roulage ; cette innovation se» rait pour le paysan, pour l'ouvrier, pour le soldat et » le pauvre voyageur, un bienfait signalé, qui ferait bé» nir la main du législateur et du gouvernement : puisse » la perspective d'ajouter au bien-être des classes infé» rieures de la société, déterminer les chambres et le » ministère à se réunir, afin de voter et d'exécuter une » mesure si utile et si populaire ! »

Les trottoirs doivent pouvoir se placer en deçà ou au delà des fossés ; ce dernier parti semble préférable pour l'assainissement de la route et la commodité des voyageurs.

Les accidens nombreux et déplorables qui arrivent tous les jours sur nos routes font un devoir impérieux d'en arrêter le cours. Partout où les routes dépassent d'une hauteur qui peut donner lieu à des chutes dangereuses les terres riveraines, il faut nécessairement garantir les voitures par des barrières, et faire qu'elles ne trouvent plus de ces précipices que l'adresse du plus habile postillon ne peut souvent éviter.

Sachant que, pour obtenir quelque chose, il ne faut pas trop demander, nous nous contenterons de conseiller une innovation dont l'Angleterre a reconnu toute l'utilité : c'est de ne point déposer les matériaux sur la route, mais d'avoir de distance en distance des terrains que l'on achète ou qu'on loue. La route alors peut être moins large, puisqu'elle est bien moins embarrassée ; les matériaux en attente se brisent moins par le choc des voitures, et ils sont aussi plus facilement préparés par les ouvriers. M. Berthault-Ducreux insiste avec raison sur cette amélioration.

La confection des routes d'arrondissement et de département, ainsi que tous les travaux d'art, doivent rester confiés aux ponts et chaussées ; il n'y a que les travaux d'entretien que nous remettons à des comités : leur composition nous paraît être une garantie du bien que nous en attendons. Le simple remboursement des frais de déplacement fait aux membres des comités assurera le concours de beaucoup d'hommes utiles ; il y aurait maladresse à viser à plus d'économie.

Pour former au chef-lieu le noyau du comité, nous nous en rapportons aux préfets et sous-préfets, persuadés du bon choix qu'ils feront des hommes les plus capables de les seconder. On devra faire entrer dans le sein des comités les officiers de gendarmerie ; par état ils parcourent souvent les routes, et ensuite ils commandent une partie des hommes que nous appelons à les surveiller.

Malgré la défaveur qui atteint encore en France tout péage sur les routes, nous n'en autorisons pas moins, sans le prescrire toutefois, le rétablissement des barrières, mais en le dépouillant soigneusement de ce qu'il avait d'onéreux et de trop tracassier.

Lorsque les barrières sont reconnues utiles en Angleterre, en Belgique, en Allemagne, en Suisse, aux État-Unis même, pourquoi seraient-elles funestes à la France seule ? Les barrières ont laissé dans notre pays un fâcheux souvenir, parce qu'on les avait confiées à une grande administration qui absorbait l'impôt du voyageur, et qu'elles n'étaient dès lors qu'une charge sans bénéfice ; mais n'en faisons qu'une création simple, une institution municipale, établissons pour fermier du péage un voisin de la route qui se contente d'un mince bénéfice, et que par cela même on se fera scrupule de frauder ; employons à la réparation et à l'entretien des routes le montant entier de l'impôt, que cet impôt à son tour soit léger et les barrières rares, et l'on verra si les justes plaintes que l'on a autrefois portées contre le péage des routes se renouvellent. Nous nous félicitons déjà du péage des ponts, et cela, parce qu'il a multiplié et rendu beaucoup plus sûres nos relations d'une rive à l'autre dans les contrées coupées par les fleuves et les grandes rivières. En Angleterre, on est tellement pénétré de l'avantage des péages sur les routes, que le voyageur, avant de passer outre, appelle le fermier s'il est absent pour qu'il ait à venir percevoir son tribut, et le plus souvent ce n'est qu'un faible enfant qui fait ce service. Pouvoir aller vite et consommer peu de forces, voilà la bonne économie, et non point celle de quelques centimes par lieues. Nous Français qui nous vantons de savoir beaucoup, apprenons donc bien vite quelque chose des élémens de la science économique !

Au reste, à l'établissement des barrières se rattache une des importantes questions d'économie politique et d'industrie. De toutes parts nous demandons des canaux ; mais sont-ils possibles, c'est-à-dire, seront-ils profitables pour les entrepreneurs et concessionnaires avec des routes libres de tout impôt ? Si le voyageur a devant lui deux moyens de transport, ne prendra-t-il pas toujours celui qui ne demandera aucun déboursé de sa part ? Et pourtant rien serait-il plus désirable que de voir les marchandises de gros poids circuler par les canaux et ménager un peu plus les routes ; c'est ainsi qu'en politique tout se tient, et que, pour arriver à la plus juste solution des questions de sociabilité, il y a mille rapports à combiner, et une foule de résultats à prévoir.

Routes de département.

Les routes que nous maintenons départementales diffèrent si peu dans leurs conditions des routes d'arrondissement, que les motifs énoncés pour les unes doivent servir pour les autres; les principes qui organisent les comités de département sont si simples qu'ils s'expliquent d'eux-mêmes.

Routes royales.

Laissant les routes royales aux soins de l'administration des ponts et chaussées, nous ne les aurions pas mentionnées si nous ne voulions les doter du bénéfice du nouveau mode de surveillance, d'expropriation et de juridiction.

Nous maintenons les routes royales dans les conditions où nous les trouvons, et parce qu'elles sont un besoin général que la haute administration ne peut un instant perdre de vue pour en surveiller et modifier les élémens selon les circonstances, et parce que, par un tel moyen aussi, nous arriverons à une juste comparaison des deux systèmes de conduite des routes: on verra si c'est une mesure sage que de séparer les travaux neufs des travaux d'entretien.

La nécessité de former des chefs d'ouvriers pour les routes est sentie depuis long-temps. M. le baron Pasquier l'a déjà énoncée.

Le système des enquêtes appliqué aux routes, pour

en connaître l'état à chaque période quinquennale et proposer de nouvelles améliorations, ne pourrait avoir qu'un utile résultat.

Roulage.

En vain nous recommanderions les meilleurs modes de surveillance et d'entretien des routes, si nous ne nous occupions aussi d'apporter des modifications au chargement du roulage : on a cru remédier à ses inconvéniens en y proportionnant la largeur des roues ; mais il est généralement reconnu aujourd'hui que c'est là une grave erreur. Avec la forme bombée de nos routes, jamais une roue de 22 centimètres n'appuiera de toute sa largeur sur le plan du terrain, et ainsi une partie de l'avantage que l'on prête aux roues les plus larges est perdu, et c'est bien inutilement que leur propre pesanteur vient accroître le poids du chargement. Et quand même toute la largeur des roues serait bien appliquée, quelles pierres seraient capables de résister à l'énorme pression d'une centaine de quintaux, poids encore accru par l'effet du grand cahotement inséparable des voitures à deux roues ? Nous sommes certain que, lorsque comme nous, on se sera étudié à observer attentivement l'effet de nos charrettes sur les routes, on partagera nos idées et l'on voudra nos réformes.

Selon M. Cordier, on peut évaluer à 400 francs par jour le dommage que doit causer à une route une charrette chargée de dix-neuf milliers, et véritablement cette appréciation peut n'être pas exagérée. Lorsqu'une route par exemple est fortement imprégnée d'eau, on ne peut concevoir, si on ne l'a pas vu par soi-même, jusqu'où peut aller le dommage ; ce n'est pas assez que d'observer en courant et un instant la marche d'une de ces voitures, il faut que ce soit sans désemparer et pendant plusieurs heures, et alors on se fera une juste idée de l'effet désolant qu'elle produit, et l'on comprendra la nécessité d'un remède prompt et efficace.

Plusieurs moyens de réforme se présentaient à nous.

Les uns ont proposé l'établissement général des ponts à bascule avec un poids limité ; les autres préfèrent le nombre déterminé de chevaux avec libre chargement. Avec M. Dutens, inspecteur général des ponts et chaussés, et d'autres ingénieurs dont l'opinion est également d'un grand poids, nous penchons pour ce dernier moyen.

L'établissement général des ponts à bascule coûterait de trois à quatre millons, et encore sur les routes royales seulement ; il demanderait de plus beaucoup d'employés, et cependant, par suite des fraudes connues et accoutumées, ne donnerait que peu ou point de résultat.

Le nombre de trois chevaux par charrette, et de six chevaux par chariot avec une largeur raisonnable pour les roues, nous semble être l'expédient le plus simple et le moins coûteux pour assurer le bon état des routes, en y joignant quelques autres mesures de construction, telles que l'inégalité de la voie pour les chariots, le rejet des clous à diamant, le raccourcissement des moyeux, etc.

La charge moyenne d'une voiture pouvant être de 1,500 kilogrammes par cheval, on ne peut véritablement pas se plaindre que l'on restreigne trop la liberté des transports : sans doute si dès aujourd'hui nous voulions l'exécution de ces dispositions, on pourrait nous accuser de vouloir la perte d'un matériel immense ; mais lorsque pour achever de l'user nous ne laissons pas moins d'un laps de trois ans, on n'est plus en droit de nous accuser d'une malveillante exigence.

Au reste, nous tenons d'autant plus à un changement sur ce point, que nous sommes persuadés que le roulage lui-même y gagnera un jour beaucoup. On ne saurait croire combien est grande la différence de force demandée sur deux routes, l'une bien tenue, l'autre en mauvais état d'entretien ; et, à l'appui de ce que nous avançons, nous rappellerons un essai qui a été fait par un ingénieur, au témoignage duquel il est reconnu que l'on peut ajouter toute confiance. M. Colomb suppose une voiture chargée de 4,000 kilogrammes, et cheminant sur une route horizontale; d'après ses expériences, il a trouvé qu'il faudrait

			Nombre de chevaux.
Sur une route	en fonte	de seconde coulée. . .	$0\frac{1}{4}$
id.	*id.*	de première coulée. . . .	$0\frac{1}{2}$
id.	en pavés dallés très-unis.		$2\frac{1}{2}$
id.	en pavés de grès parfaitement entretenus.		3
id.	en cailloutis en très-bon état. . .		$3\frac{1}{2}$
id.	en pavés de grès avec flache. . .		4
id.	en cailloutis rouagés.		5
id.	en blocaille raboteux.		6
id.	en terrain naturel, terre crayeuse et siliceuse.		15
id.	*id.*	terre argileuse. .	25

D'après ce tableau, le roulage peut reconnaître l'évident avantage qu'il y aurait à n'opérer des transports que sur des routes parfaitement entretenues ; c'est pour lui bien plus encore que pour l'état, que l'économie serait grande ; on irait plus vite, on emploierait moins de forces, et les harnais et les animaux s'useraient beaucoup moins.

Nous pourrions citer mille exemples de la cherté des transports par suite du mauvais état des chemins ; nous ne mentionnerons que le suivant, d'une exactitude pour nous tout-à-fait pratique : la plus grande partie des eaux-de-vie de l'Armagnac coûte autant à transporter des lieux de fabrication au premier port de la Garonne, que de ce dernier point à Paris, et cependant, d'un côté, nous ne trouvons qu'un trajet de 10 à 15 lieues, et de l'autre une immense distance. Mais sur le trajet le plus court se trouvent les routes en terre argileuse qui forment le dernier point de l'échelle de l'ingénieur Colomb ; pour faire les 10 à 15 lieues qui conduisent au port de la Garonne, il faut une charrette traînée par deux bœufs, conduite par un homme, et le chargement ne dépasse pas de 4 à 500 kilogrammes, et le tout, pour l'aller et le retour, chemine de 3 à 4 jours.

Si ce n'était la difficulté de nos chemins, trouverai-t-on dans nos mercuriales l'énorme différence qui existe entre le prix des grains dans les divers départemens de la France ? Cette différence s'est élevée quelquefois à une double valeur, tandis qu'avec de faciles communications, elle ne serait jamais que de quelques francs. La différence que les difficultés de transport mettent encore dans le prix des fourrages est une considération grave pour le gouvernement ; en temps de paix comme en temps de guerre, un système mieux entendu sauverait à l'état plusieurs millions, dépense d'autant plus regrettable, qu'elle n'est véritablement profitable à personne, puisqu'elle s'emploie en pénibles efforts de circulation, travail, comme on le sait, tout-à-fait improductif.

M. Say a pleinement raison de dire : « Combien on » verrait plus de produits agricoles en France, et com» bien d'autres produits agricoles y acquerraient de la » valeur, s'ils pouvaient sortir des lieux où ils ont pris » naissance ! »

Ce que l'on dit de l'agriculture s'applique avec non moins de justesse à l'exploitation de nos mines, presque encore vierges sur la plupart des points de la France; les houllières, qui ont élevé si haut l'industrie anglaise, seront pour la France une richesse inutile tant que des chemins et des canaux multipliés ne permettront pas d'en tirer parti; que de pertes énormes découlent cependant de notre fatale imprévoyance !

Quant aux autres mesures de police que nous établissons, ou plutôt que nous rappelons, leur opportunité et leur nécessité ne nous semblent demander aucune démonstration.

Expropriation pour cause d'utilité publique.

La loi de 1810 a régi jusqu'à présent l'expropriation pour cause d'utilité publique. M. Delalau, auteur d'un bon ouvrage sur l'expropriation, pense que cette loi est suffisante ; ce n'est point notre avis. Que lui, habile jurisconsulte, qui a fait des dispositions de cette loi l'objet particulier de ses études, y trouve, en les combinant avec art, les moyens d'arriver à une solution, cela peut être ; mais il faut d'autres élémens à une loi que doivent connaître et comprendre, non-seulement nos magistrats, mais encore une foule de chefs d'administration, et chacun de ceux qui ont intérêt au prompt achèvement de nos divers travaux publics.

La charte de 1814 qui a voulu, et celle de 1830 qui a maintenu, que l'indemnité fût préalable, rendent encore plus urgens les changemens à faire à cette loi; elle offre en outre des lacunes qui ont un grave inconvénient; entre autres oublis, elle n'a rien prévu de ce qu'il y a à faire lorsqu'il s'agit d'exproprier les mineurs, les interdits, les femmes et les communautés : aussi, entravés par mille obstacles, nos travaux publics sont-ils interminables.

On a beaucoup blâmé, depuis quelques années, l'administration des ponts et chaussées pour ses erreurs d'évaluation dans les travaux de canalisation ; mais véritablement le blâme est-il bien mérité ? Ne devrait-il pas s'adresser à l'esprit d'entrave des particuliers et au mode insuffisant d'expropriation, plutôt qu'aux prévisions de l'ingénieur.

Un état de choses, comme on le voit, si fatal aux entreprises de canalisation et si contraire au bon état des routes, ne peut raisonnablement être maintenu.

Le gouvernement est trop intéressé à favoriser les travaux publics pour se plaindre que nous dispensions les actes de vente, d'échange et autres, de tout timbre comme de tout droit.

Nous aurons même par-là un avantage marqué sur l'Angleterre, car personne n'ignore combien, en ce pays, les frais de justice et ceux d'expédition des actes du parlement pour les entreprises de travaux sont ruineux et abusifs ; tant il est vrai qu'un pays a bien de la peine à se soustraire à la fois à toutes les entraves. Les lois anglaises favorisent merveilleusement les industries privées ; mais le gouvernement, accablé par les intérêts de sa dette, n'a pu renoncer à ses avantages fiscaux ; si nous pouvons, nous, rejeter du même coup tout ce qui est reconnu mauvais, hâtons-nous de le faire ; nous sommes tellement restés en arrière dans la carrière industrielle, qu'il n'y a rien à négliger pour regagner le temps et l'espace perdus.

Quant aux frais qu'entraîneront les expertises assez rares et les formalités de justice fort simples, c'est à la partie qui aura fait la proposition la moins raisonnable à les supporter : c'est le moyen de bannir toute exagération d'offre comme de demande en fait d'indemnité, et de corriger les particuliers de leur déplorable manie de plaider, plutôt que de s'en tenir à d'amiables transactions.

La disposition qui permet des arrangemens par anticipation et conditionnels à la réalisation des projets, entre les propriétaires et la partie publique ou les concessionnaires, aurait selon nous d'heureux résultats. Personne n'ignore que lorsqu'on projette un canal ou une route, chacun promet ses bons offices et une coopération active et désintéressée ; mais plus tard, soit qu'on se ravise, soit qu'on suive de funestes conseils, on devient plus difficile, on se montre même quelquefois intraitable. Nous voulons que l'on puisse profiter de ces premières dispositions, et que les promesses soient consenties par écrit, ou bien reçues en présence de deux témoins, promesses dont on ne pourra se départir, et qu'aux besoins les tribunaux rendront exécutoires.

C'est là évidemment le plus sûr moyen de rendre possibles et avantageux les grands projets d'utilité publique.

Mais comme tous les hommes ne sont pas entachés d'un étroit égoïsme, et qu'il en est que le pays trouvera toujours généreux et empressés de seconder les améliorations proposées, nous avons voulu qu'ils fussent offerts en exemple aux autres, et que l'on payât leur renonciation à toute indemnité par une flatteuse et obligeante publicité.

Tribunaux en matière de circulation.

Vainement un peuple aurait-il de sages lois si on ne veillait à ce que l'application s'en fît avec une juste appréciation ; aussi, dans notre travail, c'était-il un soin que nous ne pouvions omettre.

Les conseils de préfecture, les tribunaux ordinaires et le conseil d'état n'offrent pas, à cet égard, les garanties désirables ; les résultats, au reste, l'ont prouvé. On a vu des tribunaux adjuger des indemnités considérables pour des dommages tout-à-fait imaginaires, on en cite même un qui fixa le prix de bâtimens et d'un parc là où, de mémoire d'homme, l'on n'avait vu qu'un sol à simple culture et sans habitation.

Ces jugemens déplorables, si l'on n'y remédie, peuvent se renouveler encore, et on sera, il faut le dire, bien moins en droit d'en accuser les tribunaux que la loi elle-même. Les juges ne peuvent s'en rapporter qu'au dire des parties ou au rapport des experts : les parties exagérant toujours le dommage ; il ne reste aux juges, qui ne peuvent voir les localités, qu'à croire les experts ; mais, s'ils sont infidèles, sur quelles bases asseoir équitablement une décision ?

Quelles que soient les précautions que les juges prennent, il sera difficile, tant que l'on restera dans les mêmes voies, de bien apprécier les indemnités. Si les experts appartiennent à la localité, rarement ils seront impartiaux, ils craindront naturellement de se nuire pour d'autres affaires ; si on les choisit étrangers, quelles données auront-ils pour se bien fixer ?

Ce qui induit encore bien souvent les juges en erreur, c'est qu'ils croient être justes en imposant un notable rabais sur le prix demandé, tandis qu'ils adjugent encore bien au-dessus de la valeur convenable, tant les demandes sont quelquefois exorbitantes !

Mais, nous dira-t-on peut-être, si vous craignez la partialité des experts appartenant à la localité, n'avez-vous pas également à redouter celle des juges pris sur les mêmes lieux : nous répondrons à cela, que les influences qui peuvent agir sur l'expert et le juge ne sont pas les mêmes ; le premier fait un métier et sent le besoin de ménager tout le monde ; le second remplit un devoir et apporte son indépendance : d'ailleurs, appelant plusieurs juges pour la même affaire, il est difficile de supposer que chacun d'eux soit un homme injuste ou faible ; et puis, la fraude du juge sur un fait matériel, connu de tous ceux qui l'entourent, est le tort peut-être le plus rare, tant l'opinion publique le flétrit....

Tous les jours les membres des tribunaux de commerce jugent leurs confrères, leurs voisins, leurs amis, et cependant rien n'est plus rare que de leur voir reprocher une partiale justice et l'oubli d'un devoir sacré.

Avec le danger des fausses appréciations, ce que nous voulons éviter encore, ce sont ces conflits fâcheux entre le pouvoir administratif et le pouvoir judiciaire : combien de fois n'est-il pas arrivé que, lorsqu'on croyait une instance à la veille d'être vidée, une autorité quelconque intervenait, qui par-là détruisait tout ce qui avait été fait, et force était de recourir à une nouvelle hiërarchie, et de se lancer dans de nouveaux embarras. En supposant quelques inconvéniens au tribunal de simple police, jugeant en matière de voie publique, le tribunal d'appel que nous instituons, un peu à l'instar de nos voisins, ne corrigera-t-il pas les petits et rares écarts d'une justice tout-à-fait locale ? La solennité que nous prêtons aux assises de canton est un garant de plus du bon effet de nos mesures. Non, sept hommes notables qui ont loyalement promis de rendre bonne et pleine justice ne manqueront pas à leur promesse. Nous n'avons pas avec intention emprunté pour eux les paroles sacramentelles du serment des jurés criminels, parce que nous croyons qu'il faut mesurer les précautions de conscience avec l'importance des résultats.

L'*avocat du canton*, remplissant près des assises le rôle du ministère public, ne sera pas, nous aimons à le croire, un magistrat difficile à trouver. Dans un temps comme le nôtre, où de bonne heure on aime à se mettre en vue pour se préparer un avenir politique, on sera heureux de pouvoir le faire par l'exercice d'une magistrature utile et populaire ; ce sera aussi le moyen de se former à porter la parole, et de prendre à temps cet aplomb rare et difficile dans l'homme public, et que trop tard on cherche quelquefois vainement à acquérir.

La juridiction que nous proposons serait encore heureuse pour la répression des délits, que l'on n'ose aujourd'hui demander à cause des difficultés et des frais qu'elle entraîne.

Faire bien juger, et juger à peu de frais, tel est le problème difficile que nous avons cherché à résoudre.

N'ayant pas à nous occuper pour le moment des canaux, nous ne pouvions faire ressortir ici les améliorations qu'ils attendent de la législation ; mais on sent combien de nouvelles mesures en fait d'expropriation leur seraient applicables et salutaires ; elles seules peuvent même leur donner le développement qu'ils attendent en France, et raviver ainsi la plupart de nos provinces, dont l'agriculture et l'industrie ne végètent aujourd'hui que par l'isolement où on les abandonne.

D'un autre côté, si on ne voulait faire l'essai de notre système que sur les chemins vicinaux, en y joignant toutefois la partie de l'expropriation et celle de la juridiction, parties inséparables à nos yeux de toute possibilité d'amélioration, on en pourrait sans peine détacher ce qui comprend les routes ; mais, quelque soit le parti que l'on prenne, il est de la plus extrême urgence de commencer quelque chose ; et s'il est des idées et des vues que l'on croie préférables aux nôtres, nous serons heureux de les voir proposer et adopter : notre vœu c'est qu'on agisse, car toujours douter, et plus long-temps attendre, ce serait vouloir la mort de notre industrie déjà bien chancelante.

Tel est l'ensemble dont nous présentons et le tableau et les motifs. Nous désirons qu'on l'étudie surtout dans ses rapports avec les intérêts agricoles, que plus particulièrement nous aimerions à favoriser et à étendre.

Il n'est pas besoin de dire qu'à dessein nous avons omis la plupart des dispositions de détail : elles étaient inutiles ici, et n'eussent fait qu'allonger un travail que nous avons au contraire cherché à résumer le plus possible, sachant bien que, dans notre brièveté, nous serions compris par les juges éclairés et patriotes dont nous ambitionnons l'assentiment.

La France est impatiente de mouvement et d'activité. Eh bien ! loin de l'éteindre, flattons, nourrissons, utilisons cette ardeur et tout ce que l'honneur national et la défense des grands intérêts du pays n'emprunteront pas d'elle, sachons habilement le tourner vers la création des objets importans d'utilité publique. Là aussi se trouve la gloire, gloire solide ; car, par elle, on sert à la fois et les intérêts moraux et les intérêts matériels, et le présent et l'avenir.

PROJET DE LOI.

LIVRE PREMIER.

Des moyens de transport par terre.

TITRE PREMIER.

DISPOSITIONS GÉNÉRALES.

Art. 1er. La loi reconnaît quatre espèces de chemins :

Les chemins communaux ;

Les routes d'arrondissement ;

Les routes de département ;

Les routes royales.

Art. 2. L'administration des chemins appartient diversement aux conseils municipaux, aux conseils d'arrondissement et de département, à la direction des ponts et chaussées et à des comités spéciaux.

Art. 3. Toutes les questions litigieuses en matière de circulation, ainsi que tous les délits et infractions sur le même objet, dépendront d'une juridiction particulière.

TITRE II.

DES CHEMINS COMMUNAUX.

CHAPITRE PREMIER.

Classement des chemins communaux.

Art. 4. Les chemins communaux sont les voies de communication laissées à la charge des particuliers et des communes.

Art 5. Les chemins communaux se divisent en

Chemins privés,

Chemins mitoyens,

Chemins vicinaux.

Art. 6. Dans l'année qui suivra la présente loi, il sera fait, dans chaque commune, par le conseil municipal, un classement général des chemins communaux; un double de ce travail sera adressé au sous-préfet. Les changemens que l'on pourra faire par la suite à ce classement seront proposés dans les réunions annuelles des conseils municipaux du mois de février.

Art. 7. Le premier classement prescrit aux communes, les changemens apportés à ce classement, les chemins nouveaux, l'abandon d'anciens chemins, les nouvelles directions; toutes ces opérations, arrêtées par les conseils municipaux, devront être autorisées par le sous-préfet et approuvées par le préfet.

Le plan du travail restera pendant un mois affiché, tant à la porte de la maison commune qu'à la principale porte de l'église du lieu, et tout habitant sera en droit d'adresser des observations auxquelles les conseils pourront souscrire, en appelant toutefois les citoyens dont les propriétés seront intéressées dans les modifications demandées.

Art. 8. Les observations auxquelles les conseils municipaux, réunis à cet effet, croiront ne devoir pas faire droit, seront, avec les projets, adressées aux sous-préfets, qui jugeront en définitive dans le mois de la remise des pièces, en s'adjoignant deux membres du conseil d'arrondissement, et après avoir pris l'avis de l'agent voyer et du juge de paix, qui se transporteront sur les lieux.

CHAPITRE II.

Des chemins privés.

Art. 9. Les chemins privés sont les voies de communication établies pour l'agrément ou l'utilité d'un particulier : ces chemins sont sa propriété et à sa charge.

Art. 10. Un chemin privé, à moins qu'il ne soit fermé à ses deux bouts par des barrières, doit être viable : le propriétaire répond des accidens amenés par suite de sa négligence, aussi bien que du mal causé par des animaux laissés sans gardien sur ce chemin.

Art. 11. Le passage qu'un particulier accorde sur un chemin privé ne sera jamais de sa part, à moins de stipulation contraire et écrite, qu'un acte de tolérance.

Art. 12. Toutes contestations pour la propriété des chemins privés et droits de passage, seront à l'avenir du ressort des tribunaux spéciaux créés pour la voie publique.

CHAPITRE III.

Des chemins mitoyens.

Art. 13. Les chemins mitoyens sont les voies de communication établies par l'exploitation des terres et autres industries, et qui intéressent deux ou plusieurs particuliers : ces chemins appartiennent aux riverains, ils sont à leur charge et à celle des particuliers de la commune qui en usent habituellement. Les comités des chemins communaux connaissent du cas d'habitude et de la part contributive de chacun dans l'entretien et les réparations.

Les chemins mitoyens sont chemins de service public.

Art. 14. Une commune qui concède sur sa propriété le terrain pour établir un chemin mitoyen, ou qui abandonne pour cet usage un chemin vicinal, peut néanmoins en conserver la propriété sans être tenue à aucune charge d'entretien : elle aura le droit de le reprendre par la suite pour service communal, et sans indemnité, en se conformant toutefois aux dispositions de l'article 7.

Art. 15. Lorsqu'un chemin mitoyen n'est pas viable, le commissaire voyer peut, soit d'office, soit sur la plainte d'une des parties intéressées, exiger qu'il soit réparé.

Art. 16. Après une invitation écrite donnée aux obligés de réparer le chemin, le commissaire voyer, selon l'urgence appréciée par lui et le président du comité, fera exécuter le travail, et le montant en sera prélevé comme s'il s'agissait de centimes additionnels.

Art. 17. La largeur des chemins mitoyens sera celle des chemins vicinaux, et établie aux mêmes conditions et réserves; les riverains doivent cette largeur par égale portion des deux côtés de la route, sauf à s'entendre entre eux si un seul la donne : elle sera même de droit prise d'un seul côté s'il y a économie majeure de travail, et l'autorité fixera l'indemnité.

La hauteur des haies, la plantation des arbres et leur entretien, seront régis par les dispositions propres aux chemins vicinaux.

Les habitans qui usent habituellement du chemin mitoyen contribueront aux travaux d'élargissement et aux frais de clôture des terrains riverains s'ils étaient précédemment clos.

Art. 18. S'il y a utilité publique, les chemins privés pourront être convertis en chemins mitoyens, et ceux-ci en chemins vicinaux. On se conformera dans ce cas aux dispositions des articles 7 et 8, et pour l'évaluation des indemnités à ce qui sera prescrit au titre de l'expropriation pour cause d'utilité publique.

Art. 19. Nul chemin mitoyen ne pourra être enlevé à la circulation sans le commun consentement de toutes les parties intéressées, c'est-à-dire des propriétaires riverains et des particuliers qui en usent habituellement.

CHAPITRE IV.

Des chemins vicinaux.

Art. 20. Les chemins vicinaux sont les voies de

communication qui servent aux besoins de la généralité des habitans d'une commune; les chemins vicinaux appartiennent aux communes, et sont à leur charge.

Art. 21. Les conseils municipaux voteront chaque année les fonds et journées de travail nécessaires à la confection et à l'entretien des chemins vicinaux; ils examineront également le compte rendu de l'emploi des fonds de l'année précédente.

Art. 22. Lorsque les revenus des communes ne suffisent pas aux dépenses ordinaires des chemins, il y est pourvu par des prestations en argent ou en nature au choix des contribuables.

Art. 23. Tout habitant, chef de famille ou d'établissement, à titre de propriétaire, de régisseur, de fermier ou de colon partiaire, qui est porté sur un des rôles des contributions directes, peut être tenu pour chaque année :

1°. A une prestation qui ne peut excéder deux journées de travail ou leur valeur en argent pour lui et pour chacun de ses fils vivant avec lui, ainsi que pour chacun de ses domestiques mâles, pourvu que les uns et les autres soient valides et âgés de vingt ans accomplis ;

2°. A fournir deux journées au plus de chaque bête de trait ou de somme, de cheval de selle ou d'attelage de luxe, et de chaque charrette en sa possession pour son service ou pour le service dont il est chargé. Les hommes conduisant les animaux de trait seront en déduction des journées de travail à fournir. Deux bœufs ne compteront que comme un cheval de trait, il en sera de même des mulets de labour que l'on joint deux à deux.

Art. 24. En cas d'insuffisance des moyens ci-dessus, il pourra être perçu sur tout contribuable jusqu'à dix centimes additionnels au principal de ses contributions directes. Les préfets en autoriseront l'imposition; le recouvrement en sera poursuivi comme pour les contributions, les dégrèvemens prononcés sans frais : les percepteurs n'auront pas de remise sur les fonds prélevés pour la confection et l'entretien des chemins.

Art. 25. Si des travaux indispensables exigent qu'il soit ajouté, par des contributions extraordinaires, au produit des prestations, le conseil général, sur la demande des communes, sera appelé à voter l'allocation, et le préfet l'autorisera sans vote législatif. Les communes peuvent, pour le même objet et aux mêmes conditions, contracter des emprunts, mais avec concurrence et publicité.

Art. 26. Toutes les fois qu'un chemin sera habituellement ou temporairement dégradé par des exploitations de mines, de carrières, de forêts ou de toute autre entreprise industrielle, il pourra y avoir lieu à obliger les entrepreneurs ou propriétaires à des subventions particulières, lesquelles seront, après l'appréciation faite par les commissaires voyers, déterminées par les conseils municipaux, et prélevées comme les centimes additionnels sur l'approbation du sous-préfet

Art. 27. Les propriétés de l'état et la couronne contribueront aux dépenses des chemins communaux dans les proportions qui seront réglées par les préfets en conseil de préfecture.

Art. 28. Lorsqu'un chemin vicinal à établir ou à réparer, ou quelque ouvrage d'art intéressent deux communes du même département, qui ne peuvent s'entendre sur leur part de contribution ou les directions à donner, le préfet en conseil de préfecture, sur l'avis du sous-préfet, juge le différent dans le mois de la remise des mémoires.

Si le différent existe entre deux communes n'appartenant pas au même département, le préfet le plus ancien dans son département, ou à titre égal le plus ancien d'âge, prononcera dans les mêmes délais. On passera outre, si l'une des deux communes, après l'avis qui lui en aura été donné, ne dépose pas ses observations. Si les communes n'exécutaient pas la décision rendue, les préfets nommeraient des commissaires qui ordonneraient les travaux aux dépens desdites communes.

Art. 29. Dans chaque commune il y aura un comité chargé de l'emploi des fonds et des journées votés par le conseil muuicipal pour la confection, la réparation et l'entretien des chemins ; ce comité portera le nom de *comité des chemins communaux*.

Art. 30. Le comité des chemins communaux se composera du maire, du tiers des conseillés municipaux désignés par le conseil municipal, et d'un égal nombre d'habitans de la commune désigné par le sous-préfet, sur une liste triple des plus hauts imposés, dressés par le percepteur et certifiée par le maire. Sur la liste seront compris, quelle que soit la cote de leurs impôts, les notaires, les médecins et officiers de santé exerçant leur état, et le percepteur.

Art. 31. A chaque renouvellement des comités, le maire ou le plus ancien des membres présens présidera l'assemblée. Le président définitif sera choisi au scrutin.

Le maire, pour la première réunion, et les présidens pour les réunions suivantes, convoqueront les comités, qui se réuniront du 1er. au 15 mars, du 1er. au 15 juin, du 1er. au 15 septembre, du 1er. au 15 décembre. Les préfets et sous-préfets sont chargés de veiller à ce que ces convocations aient lieu. Il pourra y avoir des réunions extraordinaires, si le président du comité ou le commissaire voyer les jugent utiles. L'examen de toutes autres questions que celles concernant les chemins sont interdites aux comités.

Art. 32. Après la nomination du président, le comité s'occupera du choix d'un commissaire voyer, qui aura la direction de tous les travaux arrêtés par le comité, le droit de convoquer les travailleurs, de délivrer les quittances des journées, de provoquer les poursuites contre les délinquans pour infractions ou délits, etc., etc., etc.

Nul ne pourra, à moins d'excuses valables appréciées par le comité, refuser les fonctions de commissaire voyer dans sa commune, sous peine de deux cents francs d'amende. Le commissaire voyer pourra être pris hors du comité; dans ce cas, il en sera membre de droit; il ne pourra être réélu contre son gré qu'après trois ans d'intervalle.

Art. 33. Les fonctions de commissaire voyer sont honorifiques; elles donneront le droit de porter l'écharpe nationale, et dans les cérémonies publiques le commissaire voyer prendra rang après les adjoints. Pendant l'exercice de ses fonctions, le commissaire voyer sera dispensé d'être juré.

Le gouvernement fera chaque année et pendant dix ans, par département, les fonds d'une médaille d'or de trois cents francs, et de quatre médailles d'argent de vingt-cinq francs, pour être distribuées aux commissaires voyers qui auront le mieux confectionné et entretenu les chemins vicinaux dans leurs communes. Le conseil général de département adjugera les prix.

Art. 34. Dans les communes où le citoyen jugé le plus capable ne pourrait point, par sa position de fortune, remplir gratuitement les fonctions de commissaire voyer, les conseils municipaux sont autorisés dans ce cas à voter annuellement une indemnité.

Le secrétaire de la commune sera le secrétaire du comité.

La durée des comités et des fonctions des commissaires voyers sera de trois ans; les séances se tiendront à la mairie; les registres se transmettront de comité à comité sur procès-verbal.

Le percepteur restera le dépositaire des fonds : il acquittera les dépenses sur les bons donnés par le commissaire voyer, et signés du maire; le percepteur ne pourra, dans aucun cas, refuser de faire connaître au président du comité l'état des fonds en caisse pour la partie des chemins.

Art. 35. Il y aura dans chaque arrondissement un inspecteur portant le nom d'*agent voyer d'arrondissement*, dont les attributions seront d'inspecter les chemins vicinaux, de s'entendre avec les commissaires voyers, de conseiller les travaux d'art qui ne demanderont pas la présence de l'ingénieur du gouvernement, de faire des rapports à l'autorité dans les contestations entre communes, etc.

L'agent voyer sera aux ordres des sous-préfets et à la nomination du préfet; il aura un traitement fixe, payé sur les fonds du département.

Dans les arrondissemens d'une grande étendue, il pourra être nommé plus d'un agent voyer.

Art. 36. Le premier travail des comités sera de dresser une statistique des chemins à la charge de la commune, laquelle indiquera leur destination, la mesure de longueur dans la commune, leur largeur devant la propriété de chaque particulier, les bornes posées, les ponts établis et leur état, les arbres plantés sur la route, avec indication du propriétaire, etc. Il sera laissé sur le registre une marge suffisante pour noter les changemens que l'on pourra faire. Il sera joint un plan des chemins à la statistique; l'agent voyer veillera et aidera à son exécution; un double de la statistique sera remis à la sous-préfecture.

L'abornement, partout où la séparation du chemin et des propriétés riveraines ne sera pas naturellement indiquée, sera fait par le comité après le travail de statistique. Il s'exécutera d'après l'usage des lieux pour la limitation des propriétés privées.

Art. 37. Tous les chemins vicinaux seront rangés dans la statistique en trois catégories, d'après leur état de viabilité. La première catégorie indiquera les bons chemins, la seconde les médiocres, la troisième les mauvais.

Tant que tous les chemins vicinaux ne seront pas passés et maintenus à juste droit dans la première catégorie, les communes seront tenues d'employer toutes les journées que la loi met à leur disposition, et au moins la moitié des centimes additionnels.

Lorsque le mauvais état des saisons viendra contrarier les travaux, les journées et les fonds seront ajoutés aux ressources de l'année suivante.

Les sous-préfets, dans leurs tournées, auront à surveiller l'exactitude des catégories, et, au besoin, en demanderont la rectification.

Dans le cas de négligence reconnue et prolongée des autorités d'une commune, en fait de viabilité, le sous-préfet fera exécuter les travaux par l'agent voyer, et la censure desdites autorités par le préfet sera mentionnée dans le journal du département.

Art. 38. La largeur des chemins vicinaux sera de six mètres; en outre, il *pourra* être établi, sur un des côtés, un trottoir à l'usage des piétons, en deçà ou au delà du fossé; sa largeur sera d'un mètre.

Un laps de cinq ans est laissé aux comités pour donner aux chemins vicinaux la largeur voulue : cette largeur pourra être maintenue moindre lorsqu'il se trouvera des habitations ou terrains clos de murs sur l'alignement.

Art. 39. L'élargissement des chemins vicinaux, jusqu'à la largeur légale, sera ordonné par les comités seuls : dans le cas seulement des obstacles prévus par l'article précédent, on se conformera aux articles 7 et 8; il en sera de même pour l'établissement des trottoirs.

Art. 40. Lorsqu'un conseil municipal croira à l'utilité d'un nouveau chemin vicinal, il chargera le maire de procéder à une enquête *de commodo et incommodo*.

Quinzaine avant de recevoir les déclarations, le maire fera afficher à la porte de la maison commune et annoncer au son de trompe le projet de chemin avec ses principaux aboutissans : il accueillera toutes les observations et les transmettra au prochain conseil, qui en prendra connaissance. S'il n'y a point eu d'observations contraires, ou si ces observations ne paraissent pas au conseil devoir détruire l'utilité du projet, il décidera qu'il sera mis à exécution, et votera tout ou partie des fonds nécessaires.

Après cette délibération, le comité des chemins sera, à son tour, chargé de faire procéder, par deux commissaires qu'il nommera et auxquels sera adjoint le maire, au tracé du chemin, lequel travail achevé, il sera procédé à une enquête de direction, d'après le mode suivi pour celle *de commodo*.

Les commissaires pourront faire à leur travail les changemens demandés, en appelant toutefois les propriétaires intéressés à ce changement.

Si les commissaires ne croient pas devoir faire droit aux réclamations, ou s'il s'élève une opposition contre les changemens consentis, il en sera référé au comité, et, en dernier ressort, au sous-préfet, qui jugera, après avoir pris l'avis du juge de paix et de l'agent voyer, qui se transporteront sur les lieux.

Le tracé définitivement arrêté, le préfet, dans le mois de la reprise des pièces, rendra le vote du conseil municipal exécutoire, et il sera procédé à la prise de possession des terrains, selon les formalités prescrites au titre de l'expropriation pour cause d'utilité publique.

Art. 41. Les comités des chemins communaux détermineront chaque année, soit d'un commun accord, soit à la majorité des votes des membres présens, les points principaux de réparation. Les commissaires voyers choisiront le temps le plus favorable aux travaux.

Les comités apporteront dans la distribution des ressources communales la plus grande équité, et prendront en considération les réclamations des habitans.

Art. 42. Les commissaires voyers peuvent déléguer, avec l'autorisation du président du comité, à des citoyens notables, leur droit de surveillance sur divers points de la commune.

Art. 43. Le comité des chemins fixera le prix des journées non acquittées en nature : ce prix ne pourra, en aucun cas, dépasser les deux tiers du prix courant des journées du travailleur de terre.

Art. 44. La journée du travailleur sur un chemin sera, du 1er. novembre au 31 février, de neuf heures de travail, et de dix heures le restant de l'année; les fractions de journée non remplies seront comptées et prélevées par le percepteur.

Art. 45. Les journées d'animaux qui ne seront pas utiles pourront être changées en journées de travailleur.

Art. 46. Sur le vœu des habitans, la prestation en nature pourra être acquittée à la tâche : le président du comité et le commissaire voyer détermineront, dans ce cas, la portion de travail de chacun, combinée avec le nombre des journées dues.

Art. 47. Tout travailleur qui remplira mal ses journées, qui contrariera le travail des autres, ou qui ne suivra pas les avis du commissaire voyer ou de ses suppléans, sera renvoyé du chantier et privé de sa quittance.

Art. 48. Tout travailleur reconnu coupable d'insultes envers le commissaire voyer et ses suppléans sera condamné à une amende de 1 fr. à 25 fr. Les outrages et sévices envers les mêmes personnes sont assimilés à ceux faits aux fonctionnaires publics, et de la compétence des tribunaux ordinaires.

Art. 49. L'entretien des fossés longeant les chemins vicinaux sera désormais à la charge des communes. La terre provenant du curage appartient au chemin. Tout enlèvement de terre d'un fossé par un riverain ou autre sera puni d'une amende de 5 fr. à 10 fr., et donnera lieu à des dommages-intérêts envers la commune, suivant la valeur de la terre.

Art. 50. Les riverains seront, dans tous les cas, tenus de recevoir les terres des fossés qui ne seront pas utiles à la réparation des chemins. Les commissaires voyers veilleront à ce que l'on endommage le moins possible les récoltes.

Art. 51. Tout enlèvement de sable, de terre ou de pierre fait sans une permission écrite du commissaire voyer, et fixant la quantité à enlever, sera puni d'une amende de 5 fr. à 25 fr., indépendamment des dommages-intérêts envers la commune.

Art. 52. Les riverains sont tenus de recevoir sur leur propriété les eaux, soit de source, soit de pluie, lorsqu'on leur fera suivre leur pente naturelle; ils devront aussi supporter les travaux nécessaires à leur écoulement.

Un propriétaire, lorsqu'il y a urgence, peut récurer

un fossé pour donner passage aux eaux qui nuisent à son terrain, sans s'approprier aucune partie du déblaiement, sous peine d'encourir l'amende portée à l'article 49.

Art. 53. Tout riverain qui empiétera sur un chemin vicinal ou mitoyen, par quelque moyen que ce soit, sera puni d'une amende de 25 fr. à 100 fr., et les lieux seront rétablis dans leur premier état aux frais du délinquant, par les soins du commissaire voyer, du président du comité, et, à leur défaut, par les ordres du maire, gardien naturel des propriétés communales : la même peine frappera celui qui détruira ou changera l'abornement ; les parens et maîtres sont responsables, dans ce dernier cas, du fait de leurs enfans et domestiques.

Art. 54. Nul habitant ne pourra, soit en face de son habitation, soit ailleurs, déposer sur un chemin vicinal ou mitoyen des matières destinées à produire des engrais, sous peine de 25 fr. d'amende.

Art. 55. Il n'y aura de plantation d'arbres sur un chemin vicinal que lorsque le comité ne le jugera pas nuisible au bon état du chemin, et qu'une largeur convenable le permettra ; à défaut de la commune, les particuliers riverains pourront être autorisés à faire les plantations dont ils feront leur profit. Les comités indiqueront, dans tous les cas, l'espèce des arbres et la distance à laisser entre chaque pied. Le défaut d'autorisation, et l'infraction des règles imposées par le comité emporteront une amende de 5 fr. à 100 fr.; les arbres plantés pourront être arrachés aux frais du délinquant.

Art. 56. Les arbres plantés sur le chemin seront élagués jusqu'à la hauteur au moins de 3 mètres. Les arbres mis sur les terres riveraines ne pourront être plantés sans permission des comités, à moins de 5 mètres à partir du point central de la route, sous les peines de l'article précédent.

Art. 57. Les arbres déjà plantés, soit sur le chemin, soit sur les terres riveraines, jugés nuisible à la route, seront arrachés en tout ou en partie.

Art. 58. Les règlemens d'élagage peuvent être appliqués aux arbres plantés sur les terres riveraines dans les limites énoncées à l'article 56.

Art. 59. Les haies, le long des chemins vicinaux, ne pourront s'élever qu'à la hauteur de 2 mètres à prendre du niveau de la route. Dans le cas d'un grand exhaussement des terres riveraines les haies n'auront par elle-mêmes que la hauteur d'un mètre.

Les fossés longeant les chemins n'auront d'autre profondeur que celle convenable à l'écoulement des eaux.

Art. 60. Lorsqu'un chemin traversera une forêt, quelle que soit sa largeur, les conseils municipaux seront en droit d'exiger qu'une bordure de 2 mètres de chaque côté soit dégagée de tous arbres dans l'intérêt de la sûreté publique et du bon état du chemin.

Art. 61. Toutes haies et tous arbres, non entretenus selon les règlemens, seront élagués à la diligence des commissaires voyers et aux dépens des délinquans, huit jours après un avis donné par écrit. A défaut des ordres du commissaire, les parties intéressées peuvent demander aux comités l'exécution du présent article : l'élagage des arbres cependant ne sera exigé que du 1er. octobre au 1er. mars.

Art. 62. Tout propriétaire ou fermier d'un terrain avoisinant un chemin vicinal, qui voudra se clore ou bâtir, devra en faire, quarante jours à l'avance, déclaration par écrit au comité, et se soumettre à l'alignement qui lui sera donné. Si le chemin n'est point tracé, le comité a le choix de son emplacement, et il déterminera la part des travaux à la charge du propriétaire ou fermier; le tout est prescrit sous peine de 50 fr. d'amende : les travaux faits pourront être détruits, et, dans tous les cas, si par la suite il y avait lieu à un élargissement du chemin ou à un changement quelconque, nulle indemnité ne sera due.

Art. 63. Tout bâtiment et mur qui se trouveront sur un alignement de chemin vicinal ne pourront, sans autorisation spéciale des conseils municipaux être réparés sous peine de 100 à 200 fr. d'amende, et de voir abattre lesdits bâtimens et murs sans autre indemnité que le prix du terrain. Les tribunaux de la voie publique autoriseront les destructions.

Art. 64. Dans toutes les communes du royaume il sera établi au moins un cantonnier qui ne sera occupé qu'à des travaux d'entretien, à aider l'écoulement des eaux, et à constater les délits et infractions commis contre la voie publique. Son traitement sera pris soit sur les revenus de la commune, soit sur les centimes additionnels, ou journées de travail payées en argent ; il ne pourra avoir d'autre emploi public. Dans les communes trop pauvres pour entretenir un cantonnier toute l'année, les commissaires voyers détermineront les époques de chômage ; dans aucune commune un cantonnier ne pourra travailler moins de 150 jours par année.

Art. 65. Chaque dimanche, tout cantonnier fera un rapport verbal ou écrit de son travail au commissaire voyer ou au président du comité : ce rapport comprendra la mention des infractions et délits découverts par lui ou arrivés à sa connaissance. Lorsqu'il y aura urgence de faire connaître un délit, le rapport se fera le même jour.

Art. 66. Tout cantonnier, convaincu d'avoir caché un délit ou contravention commis contre la voie publique, sera passible d'une retenue de dix francs sur son traitement : s'il est prouvé qu'il a reçu de l'argent ou des présens pour son silence, il sera destitué : le comité prononcera sa destitution et pourvoira à son remplacement, indépendamment de tous dommages et intérêts que la commune pourra exiger.

Art. 67. Les gendarmes, gardes champêtres et gardes forestiers sont aussi chargés de constater les infractions et délits contre la voie publique, et soumis aux mêmes peines prononcées par qui de droit pour oubli de leurs devoirs.

Art. 68. Les membres du comité et tout habitant de la commune feront acte de bon citoyen en portant à la connaissance de l'autorité compétente les délits et contraventions contre la voie publique : tout citoyen peut même assigner directement les délinquans devant la justice, sauf, au cas de calomnie, à entraîner des dommages et intérêts.

Art 69. Les commissaires voyers et les présidens des comités transmettront les plaintes et procès-verbaux au ministère public.

Art. 70. Tous travaux d'art et matériaux nécessaires

à un chemin vicinal seront mis en adjudication : le cahier des charges sera annoncé par affiche et au son de trompe au moins quinzaine avant le jour de l'adjudication.

Art. 71. Tous travaux d'art de difficile exécution, notamment les ponts, dont le devis dépassera 300 francs, ne seront pas ordonnés sans l'avis de l'agent voyer, et, au besoin, de l'ingénieur de l'arrondissement ; c'est aux mêmes conditions aussi que se fera la remise desdits travaux.

Tout transport d'ingénieur sera *à la charge de la commune* : un tarif pour frais de déplacement sera arrêté par le préfet selon les distances, et approuvé par le conseil général.

Art. 72. Les matériaux, avant d'être employés, seront reçus par le commissaire voyer : les ouvrages d'art seront approuvés par le même commissaire, le maire et le président du comité : si les conditions du cahier des charges n'ont pas été remplies, il sera nommé deux experts ; et les tribunaux compétens prononceront : les matériaux et travaux pourront être rejetés ou donner lieu à un rabais.

Art. 73. Au sortir des villes il sera placé, avec les fonds consacrés aux chemins, des poteaux ou bornes indiquant la ville voisine et les distances à chaque embranchement principal ; les poteaux ou bornes seront renouvelés en cas de besoin.

Art. 74. Dans les pays de landes, de forêts et terres vagues, les chemins vicinaux non tracés seront indiqués par un fossé ou rigole, indépendamment de la mesure prescrite à l'article précédent.

Art. 75. Le sous-préfet ou préfet, l'ingenieur de l'arrondissement et l'agent voyer, accompágnés dans chaque commune du président du comité et du commissaire voyer, visiteront tous les trois ans, et par tiers d'arrondissement, les chemins vicinaux; procès-verbal de l'inspection sera dressé commune par commune, et remis au conseil d'arrondissement.

Les frais de déplacement de l'ingénieur seront, dans ce cas, pris sur les fonds généraux du département.

TITRE III.

DES ROUTES D'ARRONDISSEMENT.

CHAPITRE UNIQUE.

Art. 76. Les routes d'arrondissement sont les voies de communication qui servent particulièrement aux habitans d'un arrondissement; les principales, lorsqu'elles ne sont point routes de département ou royales, vont du chef-lieu d'arrondissement aux chefs-lieux de canton. Les autres sont celles qui font communiquer les villes importantes de l'arrondissement, soit entre elles, soit avec d'autres points qui offrent des relations d'utilité générale.

La confection et tous les ouvrages d'art des routes d'arrondissement sont réservés à la direction des ponts et chaussées.

Art. 77. La largeur des routes d'arrondissement sera de six à dix mètres, suivant le degré de circulation; aux abords des grandes villes, cette largeur pourra même être augmentée, une trop grande largeur pourra être réduite sur les anciennes routes.

Sur l'un des côtés, en-deçà ou au-delà du fossé, il sera établi à mesure des ressources un trottoir pour l'usage des piétons. Sa largeur sera d'un mètre à un mètre cinquante centimètres.

Sur les routes nouvelles lors de leur confection, et sur les routes anciennes lors des réparations, s'il est des fonds suffisans, les accotemens seront supprimés, et la voie publique entière sera pavée ou ferrée.

Art. 78. Le premier classement des routes d'arrondissement et de département sera fait par le conseil général de département : les conseils d'arrondissement auront un an pour réclamer contre ce travail; s'il n'est point fait droit à ces réclamations, elles pourront être adressées au ministre des travaux publics, qui jugera en définitive dans les six mois de la réception des pièces, après avoir pris l'avis du préfet.

Art. 79. Lorsqu'un conseil de département ou d'arrondissement croira à l'utilité d'une nouvelle route de département ou d'arrondissement, il chargera le préfet ou le sous-préfet de procéder à une enquête *de commodo et incommodo*. L'un ou l'autre adressera en conséquence, à chacun des maires des communes qui se trouveront sur l'alignement de la route projetée, l'invitation de réunir le conseil municipal, de recevoir le dire de chaque membre qui voudra émettre une opinion, d'en dresser procès-verbal et de l'adresser à la préfecture ou sous-préfecture.

S'il n'y a point d'observations contraires, ou si ces observations ne paraissent pas au conseil devoir détruire l'utilité du projet, il décidera qu'il sera mis à exécution, et votera tout ou partie des fonds nécessaires.

L'ingénieur du département sera chargé dès lors d'arrêter le tracé de la route, lequel travail achevé, le préfet ou sous-préfet fera procéder à une *enquête de direction*. A cet effet, il sera adressé au maire de chacune des communes traversées par la route, et des communes avoisinantes, le plan du tracé ; quinzaine après qu'il aura été donné connaissance par affiches et publication de l'envoi et du dépôt à la commune de ce travail, les maires recevront toutes les observations des habitans, dont il sera dressé procès-verbal et envoi fait à la préfecture ou sous-préfecture, pour remise en être faite à l'ingénieur : celui-ci pourra faire à son travail les changemens demandés, en appelant toutefois les parties intéressées au changement. Si l'ingénieur ne croit pas devoir faire droit aux réclamations, ou s'il s'élève des oppositions contre les changemens consentis, et qui auront été de nouveau annoncés, il en sera référé au préfet, qui jugera en définitif en conseil de préfecture, après avoir pris l'avis du juge de paix, du maire de canton et du sous-préfet.

Le tracé définitivement arrêté, le préfet, dans le mois, rendra le vote du conseil d'arrondissement ou de département exécutoire, et il sera procédé à la prise de possession des terrains, selon les formalités d'expropriation.

Art. 80. Pour mieux résoudre les difficultés prévues dans l'article précédent, le préfet pourra prendre l'avis et demander le transport d'un ingénieur étranger, et même recourir au conseil de la direction des ponts et chaussées.

Art. 81. L'élargissement des routes, jusqu'au *maximum* indiqué par la loi, ne sera soumis à d'autre autorisation qu'à celle des sous-préfets, si ce n'est dans le cas où il se trouverait sur l'alignement une maison ou bâtiment, ou un terrain clos de murs; alors on se conformera aux dispositions du précédent article, et, pour l'appréciation de l'indemnité, à ce qui sera prescrit au titre de l'expropriation.

Art. 82. Partout où la hauteur de la route dépassera d'un mètre le niveau des terres riveraines, le côté ou les côtés de la route seront garnis de trottoirs, de murs ou de barrières.

Art. 83. Pour la plantation des arbres sur la route, l'entretien des haies et des fossés, on suivra les règlemens prescrits pour les chemins vicinaux, sauf à tenir compte de la plus grande largeur de la route pour les arbres plantés sur les terres riveraines.

Art. 84. Pour le dépôt des matériaux nécessaires à l'entretien des routes, les commissaires routiers pourront louer ou acheter de distance en distance des emplacemens. Les propriétaires ne peuvent refuser, sauf les indemnités convenables, le terrain propre à cet usage. Dans tous les cas, les matériaux laissés sur la route seront rangés de manière à laisser la circulation libre.

Art. 85. Lorsqu'un conseil municipal demandera qu'un chemin vicinal soit converti en route d'arrondissement, le conseil d'arrondissement sera tenu, dans la plus prochaine session qui suivra la demande, de délibérer sur cet objet. Si la demande est consentie, dès ce jour le nouveau classement sera effectué; si la demande est rejetée, elle ne pourra être renouvelée que par un nouveau conseil municipal. Dans ce second cas, si le conseil d'arrondissement repousse la demande, le conseil général de département sera appelé à se prononcer, et, s'il admet la demande, le nouveau classement sera fait.

Art. 86. L'entretien et la surveillance des routes d'arrondissement seront confiés à des comités spéciaux : il y en aura un par arrondissement, composé du sous-préfet, de deux membres du conseil d'arrondissement désignés par le conseil, de trois habitans du chef-lieu d'arrondissement choisis par le sous-préfet, parmi les plus intéressés à la bonté des routes et le plus à portée d'en connaître l'état, du lieutenant de gendarmerie et des maires des chefs-lieux de canton, auxquels le sous-préfet sera libre d'adjoindre quelques maires de simples communes, s'il le juge avantageux.

Art. 87. Pour la première réunion, comme aux époques de renouvellement, le comité sera convoqué par le sous-préfet et présidé par lui ou par le plus ancien des membres présens; il se réunira du 1er. au 15 avril et du 1er. au 15 octobre, et nommera au scrutin son président définitif. Il y aura des réunions extraordinaires, si le président des comités les juge utiles.

Art. 88. Les fonctions des membres des comités des routes seront gratuites; seulement le montant des frais de déplacement, affirmés par écrit véritable et faits en bon père de famille, sera reçu par les percepteurs en déduction de toute nature d'impôts, après *visa* du président du comité.

Art. 89. Le comité, dans sa première réunion, fera choix d'autant de commissaires qu'il y aura de cantons traversés par des routes d'arrondissement; ils porteront le nom de *commissaires routiers*. Ils pourront être choisis étrangers au comité, et dans ce cas ils en feront partie; ils auront la direction des travaux d'entretien. Il pourra être voté un traitement aux commissaires routiers, qui jouiront dans tous les cas des priviléges des commissaires voyers. Un commissaire routier peut avoir la direction de plusieurs cantons, si le service ne doit pas en souffrir.

Art. 90. Les conseils d'arrondissement détermineront, dans les fonds votés pour les routes, la part des travaux d'entretien; le receveur particulier restera le dépositaire des fonds, et payera les dépenses sur le vû des bons signés par les commissaires et le sous-préfet.

Art. 91. Il y aura sur les routes d'arrondissement un nombre de cantonniers suffisant pour que chacun d'eux puisse parcourir sa ligne tous les deux jours. Ce nombre de cantonniers sera exigé même de ceux qui se rendraient adjudicataires de l'entretien des routes.

Art. 92. Les cantonniers seront à la nomination du sous-préfet sur la proposition des commissaires routiers. Ils sont tenus aux devoirs et soumis aux peines des articles 65 et suiv.

Les gendarmes, gardes champêtres et gardes forestiers sont adjoints aux cantonniers pour la surveillance des routes d'arrondissement.

Art. 93. Les articles 73 et 74, concernant les bornes

et poteaux, seront applicables aux routes d'arrondissement.

Art. 94. La fourniture des matériaux nécessaires pour la confection, comme pour l'entretien des routes d'arrondissement, sera faite par adjudication.

Art. 95. Sur la demande des comités des routes, ou de son propre mouvement, le conseil d'arrondissement pourra voter l'établissement de barrières pour les fonds en être employés à l'entretien des routes, ou au remboursement des dépenses faites pour leur confection. Ledit établissement sera rendu exécutoire par le préfet. Dans ce cas; chaque conseil municipal des communes où seraient les barrières, nommerait les receveurs ou fermiers, et rendrait compte des recettes au conseil d'arrondissement. Le gouvernement aurait à veiller à ce qu'il fût fait un règlement : les barrières ne seront jamais régies par une administration centrale.

Art. 96. Les barrières seront placées au moins à une distance de mille mètres des villes, et, entre deux villes ou chefs-lieux de canton, il ne pourra y avoir plus de deux barrières.

Art. 97. Le préfet ou le sous-préfet, et l'ingénieur de l'arrondissement, parcourront chaque année à cheval les routes de l'arrondissement, accompagnés des commissaires routiers de chaque canton : procès-verbal de l'inspection sera fait par canton, et dressé au conseil général de département.

TITRE IV.

DES ROUTES DE DÉPARTEMENT.

CHAPITRE UNIQUE.

Art. 98. Les routes de département sont les voies de communication qui servent aux besoins généraux du département : les principales, lorsqu'elles ne sont point routes royales, vont du chef-lieu de département aux chefs-lieux d'arrondissement, et font communiquer les villes importantes du département, soit entre elles, soit avec d'autres points de relation utile. Leur largeur est celle des routes d'arrondissement.

La confection et tous les travaux d'art des routes de département sont réservés à la direction des ponts et chaussées.

Art. 99. Les art. 73, 77, 79, 80, 82, 83, 84, sont applicables aux routes de département.

Art. 100. Lorsqu'un conseil d'arrondissement demandera qu'une route d'arrondissement soit convertie en route de département, le conseil général sera tenu, dans sa plus prochaine réunion, de délibérer sur cet objet : s'il est fait droit à la demande, dès ce jour le nouveau classement sera reconnu ; si la demande est rejetée, elle ne pourra être renouvelée que par un nouveau conseil d'arrondissement ; dans ce second cas, si le conseil général repousse la demande, le ministre des travaux publics, après avoir pris l'avis du préfet et du conseil de préfecture, sera appelé à prononcer, et, s'il admet la demande, le nouveau classement sera reconnu.

Art. 101. Les préfets feront connaître à la direction des ponts et chaussées tous changemens faits aux routes.

Art. 102. L'entretien et la surveillance des routes de département seront confiés à des comités spéciaux. Il y en aura un par département, composé du préfet, de deux membres du conseil général de département, désignés par le conseil, de quatre habitans du chef-lieu de département, choisis par le préfet, parmi les plus intéressés à la bonté des routes, et les plus à portée d'en connaître l'état, du capitaine de gendarmerie, et d'autant de délégués qu'il y aura de cantons traversés par des routes de département : ces délgueés seront choisis par les comités d'arrondissement.

Art. 103. Pour la première réunion, comme aux époques de renouvellement, le comité sera convoqué par le préfet, et présidé par lui ou le plus ancien des membres présens; il se réunira du 1er. au 15 mai, et nommera au scrutin son président définitif. Il y aura des réunions extraordinaires si le président du comité les juge utiles.

Art. 104. L'article pour frais de déplacement est applicable aux membres des comités des routes de département.

Art. 105. Le comité, dans sa première réunion, fera choix d'autant de commissaires qu'il y aura d'arrondissemens traversés par des routes de département. Ils porteront le nom d'*inspecteurs routiers*. Ils pourront être choisis étrangers au comité, et, dans ce cas, ils en feront partie : ils auront la direction des travaux d'entretien. Il pourra être voté un traitement aux inspecteurs routiers, qui jouiront, dans tous les cas, des priviléges des commissaires voyers. Ils pourront être chargés de plus d'un arrondissement si le service ne doit pas en souffrir.

Art. 106. Les conseils généraux détermineront, dans les fonds votés pour les routes, la part des travaux d'entretien. Le receveur général restera le dépositaire des fonds, et payera les dépenses, ou autorisera les payemens chez les percepteurs, sur le vu des bons signés par les inspecteurs routiers et le préfet.

Art. 107. Les articles 90, 91, 92, 93, 94, 95, 96, 97, sont applicables aux routes de département.

TITRE V.

ROUTES ROYALES.

CHAPITRE UNIQUE.

Art. 108. Les routes royales sont les voies de communication qui servent aux besoins généraux du pays dans ses relations à l'intérieur comme à l'extérieur.

Art. 109. La confection, l'entretien et la surveillance des routes royales restent confiés à la direction des ponts et chaussées.

Art. 110. Les règlemens de police, le mode d'expropriation des terrains et la juridiction des tribunaux spéciaux, créés par la présente loi, seront néanmoins applicables aux routes royales.

Art. 111. Lorsqu'un conseil général de département demandera qu'une route de département soit déclarée royale, la direction des ponts et chaussées délibérera dans les six mois sur cet objet. Si la demande est admise, le nouveau classement sera reconnu; si la demande est rejetée, elle ne pourra être représentée que par un autre conseil général de département. Dans ce second cas, si la direction des ponts et chaussées repousse la demande, il sera nommé, par les soins du ministre des travaux publics, une commission prise dans les deux chambres, qui sera appelée à prononcer; et si elle admet la demande, le nouveau classement sera reconnu.

Art. 112. Il sera créé par le gouvernement des écoles propres à former des conducteurs et chefs d'ouvriers pour l'entretien et la confection des routes.

Art. 113. De cinq en cinq ans il sera nommé, dans le sein des deux chambres, un comité, qui fera une enquête sur l'état des routes et les moyens de les améliorer.

TITRE VI.

DE LA POLICE DES CHEMINS ET GRANDES ROUTES ET DES RÈGLEMENS DE ROULAGE.

CHAPITRE UNIQUE.

Art. 114. Dans trois ans, à compter de la présente loi, il ne sera admis, sur les chemins et routes publiques, que des charrettes à trois chevaux et des chariots à 6 chevaux, avec poids indéterminé.

Art. 115. Les charrettes à deux chevaux et les chariots à quatre chevaux auront des jantes de douze centimètres de largeur; les charrettes à trois chevaux et les chariots à six chevaux auront des jantes de dix-sept centimètres de largeur.

Les chariots à quatre et six chevaux auront la voie inégale au moins de la largeur des jantes.

Il est interdit d'employer, dans la construction des roues, des clous à tête de diamant; leur saillie ne pourra être sur le pourtour de la roue de plus d'un demi-centimètre.

Les chevaux seront attelés aux chariots deux à deux.

Chacune des présentes conditions sera exigée sous peine de 25 fr. à 200 fr. d'amende.

Art. 116. Les diligences et voitures suspendues pourront employer un nombre illimité de chevaux ; la même exception s'applique aux transports des objets reconnus pour être indivisibles.

Art. 117. Dans un an, à compter de la présente loi, le nombre de chevaux attelés aux charrettes sera réduit à cinq, en conservant la largeur des jantes voulue par les règlemens, sous peine de 50 fr. d'amende.

Art. 118. Le bout des moyeux, y compris l'essieu, ne devra jamais former saillie de plus de dix-sept centimètres sur le plan du cercle extérieur du contour de la roue, sous peine de 25 fr. d'amende.

Art. 119. A l'époque déterminée par l'art. 114, les ponts à bascule ne seront plus employés, ils pourront être conservés jusqu'à ce que leur inutilité soit bien constatée.

Art. 120. Les chevaux non blessés, attachés derrière la voiture, seront regardés comme faisant partie de l'attelage.

Les chevaux de renfort ne sont autorisés que pour les

montées désignées par le préfet, sur le rapport des ingénieurs; deux poteaux indiqueront les limites des montées.

Art. 121. Lorsqu'un voiturier conduira plus d'une charrette à un cheval, le cheval de la deuxième sera attaché derrière la première charrette, et ainsi des autres. Un homme ne pourra conduire plus de quatre charrettes ou chariots à un cheval.

Art. 122. Tout conducteur qui, étant sur sa voiture, ne tiendra pas en main les rênes des chevaux, sera passible d'une amende de 1 fr. à 10 fr. Il répond en outre de tous dommages résultant de sa négligence.

Art. 123. Les conducteurs de toutes voitures qui laisseront marcher seuls leurs chevaux à plus de trente mètres de distance, seront passibles de 2 fr. à 20 fr. d'amende, et répondront en outre de tous dommages résultant de leur négligence.

Art. 124. Tout enfant au-dessous de quatorze ans ne peut conduire ni charrette ni voiture sur une grande route, sous peine de 50 fr. d'amende, dont seront passibles les maîtres ou parens.

Art. 125. Tous chariots ou charrettes, circulant sur les routes publiques, devront porter une plaque indiquant le nom du maître, son domicile et son département, sous peine de 100 fr. d'amende; si l'indication est fausse, la peine sera double. Dans le cas où le même maître aura plusieurs charrettes chacune portera un numéro différent.

Art. 126. Tout cavalier qui marchera sur un trottoir, tout conducteur d'animaux qui les laissera circuler sur les mêmes lieux, tous gardiens ou marchands de porcs qui laisseront ces animaux fouiller la route, seront passibles d'une amende de 1 fr. à 25 fr.

Art. 127. Quiconque détruira, avec intention de nuire, un arbre, un poteau ou borne, ou les endommagera, sera passible d'une amende de 1 fr. à 100 fr., et de un jour à trois mois de prison, indépendamment de tous dommages et intérêts envers la commune ou le propriétaire des arbres. Les parens répondent du fait de leurs enfans mineurs, au moins pour l'amende, ainsi que les maîtres du fait de leurs domestiques.

Art. 128. Tout individu auteur d'un délit ou infraction contre la voie publique qui ne sera pas connu ou ne donnera pas des renseignemens suffisans sur sa personne, ou ne déposera pas le montant de l'amende portée contre le délit ou infraction dont il est accusé, sera retenu et envoyé dans la maison d'arrêt jusqu'au jour de son jugement. Si, après la condamnation, il persiste dans son silence, la retenue, pour l'amende et frais, sera d'un jour par 5 fr. Les animaux, dont il pourrait être conducteur, seront mis en fourrière et vendus, si besoin est, par l'ordre du tribunal, qui aura connu de l'affaire, un jour de dimanche ou de marché, à la criée : le montant du prix sera affecté soit à payer la nourriture, soit à acquitter les amendes et frais.

Art. 129. Tous délits et contraventions contre la voie publique se prescriront par six mois de non poursuite, si ce n'est pour les empiétemens de terrain, qui ne se prescriront que par quinze ans de possession et de jouissance, et lorsqu'il y aura eu une culture ou des travaux apparens de faits.

Art. 130. Les voies de fait commises contre les agens

des routes et officiers de la force publique seront punies par les tribunaux ordinaires.

TITRE VII.

DES CHEMINS EN FER.

CHAPITRE UNIQUE.

Nota. La matière de ce titre, reposant sur les mêmes principes que celle des canaux, nous la réservons pour notre seconde partie.

LIVRE DEUXIÈME.

Des moyens de transport par eau.

TITRE PREMIER.

DES COURS D'EAU ET RIVIÈRES NON FLOTTABLES NI NAVIGABLES.

TITRE II.

DES RIVIÈRES FLOTTABLES ET NAVIGABLES.

TITRE III.

DES CANAUX.

Nota. Le deuxième livre, avec le titre VII du premier livre, formera la seconde partie de notre travail qui sera publiée incessamment.

LIVRE TROISIÈME.

De l'expropriation pour cause d'utilité publique.

TITRE UNIQUE.

Art. 131. Lorsqu'un terrain sera reconnu nécessaire à l'établissement d'un objet d'utilité publique, les communes, les départemens, le gouvernement, les particuliers et les compagnies concessionnaires auront le droit de s'en emparer, moyennant une indemnité préalable : à cet effet, les commissaires voyers ou routiers, les ingénieurs et concessionnaires feront des propositions au propriétaire ou à ses représentans.

Si les propositions sont agréées, et que le maire s'il s'agit d'un chemin vicinal, le sous-préfet ou préfet s'il s'agit d'une route, canal ou autre entreprise pour le compte de l'état, souscrivent au prix convenu, le marché sera conclu.

Si le propriétaire refuse les propositions, ou bien si, dans l'intérêt public, le maire, le sous-préfet ou préfet les trouvent trop élevées, l'affaire sera portée par le commissaire voyer ou routier, l'ingénieur et les concessionnaires devant le tribunal communal, et en appel devant les assises de canton.

Néanmoins toutes les fois que l'indemnité dépassera 500 francs pour un chemin vicinal, 1,000 francs pour une route d'arrondissement, 2,000 francs pour une route de département, canal ou autre entreprise pour le compte de l'état, l'approbation des maires, des sous-préfets et préfets sera confirmée par le tribunal communal ; dans le cas où ledit tribunal trouvera le marché onéreux, il l'invalidera et déterminera lui-même l'indemnité.

Art. 132. Le droit de fouille et d'enlèvement de matériaux est accordé aux commissaires, ingénieurs et entrepreneurs des chemins et grandes routes, l'indemnité sera due dans les deux mois, soit de l'enlèvement des matériaux, soit des dégâts causés par les fouilles et transports.

Opposition pour les valeurs dues pourra être faite entre les mains des percepteurs, receveurs particuliers et généraux sur les fonds qui reviennent aux entrepreneurs. Il suffira d'une simple déclaration des parties intéressées sur un registre tenu *ad hoc*.

Art. 133. Tout terrain usurpé sur la propriété publique depuis moins de 20 ans, à compter de la présente loi et nécessaire à la confection ou à la réparation des chemins et routes, sera repris sans indemnité ; les tribunaux spéciaux jugeront le fait d'usurpation.

Art. 134. Pendant les travaux de confection comme d'entretien, les commissaires et ingénieurs sont autorisés à ouvrir provisoirement un passage sur les terres riveraines, et ce moyennant indemnité payable lors de la restitution du terrain.

Art. 135. Dans toutes causes soumises à l'appel pour indemnité de terrain, le juge de paix se transportera préalablement sur les lieux et prendra toutes les informations qu'il croira utiles et propres à éclairer les jurés.

Art. 136. Si la différence entre la somme demandée et la somme accordée par le tribunal municipal est de plus de 500 francs, il y aura, indépendamment du transport du juge de paix, une expertise.

Art. 137. Dans le cas d'expertise, le commissaire voyer ou routier, ou le président des comités, les ingénieurs et concessionnaires, nommeront l'expert de là partie publique, et le propriétaire nommera l'autre.

Art. 138. Les experts motiveront leur évaluation. Ils sont autorisés à puiser tous renseignemens, soit chez les receveurs d'enregistrement, soit chez les directeurs ou percepteurs des contributions et notaires.

Art. 139. Il sera toujours tenu compte, dans l'appréciation des indemnités, de la plus-value des terrains qui restent au propriétaire dépossédé par suite des travaux publics entrepris.

Art. 140. Les communes et autres administrations sont autorisées à acquérir les parcelles de terrain qu'une route sépare d'une propriété, et à la revendre, soit à l'amiable, soit aux enchères, ou à l'échanger.

Art. 141. La présente loi donne pouvoir aux agens de l'état, aux communautés religieuses ou autres, aux tuteurs, aux maris pour les biens dotaux et paraphernaux des femmes, aux exécuteurs testamentaires, à tous curateurs des biens d'absens ou d'interdits, d'aliéner la partie des héritages nécessaires à l'exécution des ouvrages publics, et de régler de gré à gré avec les commissaires et ingénieurs les indemnités à payer, soit pour la cession de la propriété, soit pour dommages causés par les travaux. Les contrats, ventes ou échanges ainsi passés, les arrangemens pris, les jugemens rendus, seront bons, valables, irrévocables, et ne donneront lieu à aucun recours ou poursuites.

Art. 142. Si les administrateurs, tuteurs, curateurs, conservateurs quelconques de biens inaliénables, ou toute personne intéressée, qui auront été prévenus à domicile par les commissaires ou ingénieurs, ne consentaient pas après un délai de trente jours à traiter, ou en cas d'absence de ces mêmes personnes, lesdits commissaires sont autorisés à faire constater les dommages et valeurs, montant des indemnités, par deux experts, l'un nommé par eux, l'autre par le juge de paix, et l'affaire sera portée devant le tribunal communal; mais le jugement, dans ce cas, sera revisé par les prochaines assises de canton, dont le jugement sera définitif.

Art. 143. Lorsque les personnes auxquelles il est alloué des indemnités les refusent comme insuffisantes, lorsque les titres des propriétés ne paraissent pas, aux commissaires et aux tribunaux, suffisamment justifiés; lorsque les propriétaires de terrain sont absens ou inconnus, et dans le cas de priviléges ou hypothéques, les fonds adjugés seront déposés à la caisse d'amortissement ou placés en rentes au cours du jour, par les soins du procureur du roi; la même autorité surveillera le placement des intérêts, si après le délai des prescriptions légales, personne ne se présente, les fonds seront acquis aux communes ou autres administrations qui les auront faites.

Art. 144. Les tuteurs et curateurs ne pourront toucher les fonds et en faire l'emploi qu'après l'autorisation du conseil de famille, si ces fonds sont supérieurs à une année du revenu des mineurs ou interdits, la tenue des conseils de famille n'empêchera pas l'entrée en possession du terrain exproprié; les fonds, dans ce cas, resteront chez le percepteur ou le receveur particulier.

Art. 145. Lorsque les droits d'une personne à la propriété des fonds déposés dans les caisses de l'état ou placés en rentes seront clairement établis et tous empêchemens levés, les titres lui seront remis, si mieux elle n'aime recevoir l'indemnité en espèce; dans ce cas, le procureur du roi reste chargé d'en faire opérer la rentrée. Le ministre des finances prescrira la marche la plus simple à suivre et la moins coûteuse.

Art. 146. Lorsque l'on prépare les travaux d'une nouvelle route ou de son élargissement, les commissaires et ingénieurs peuvent recevoir la déclaration des propriétaires pour le montant des indemnités de terrain. Un sous-seing du propriétaire ou de ses représentans suffit; s'ils ne savaient pas écrire, leur déclaration peut être reçue par les commissaires et ingénieurs en présence de deux témoins. Si, plus tard, les déclarans ne consentaient pas à passer acte public de leur déclaration, le tribunal municipal, après avoir entendu les témoins, ratifierait le consentement, qui tiendrait lieu d'acte public.

Art. 147. Les témoins de la déclaration ne peuvent refuser leur témoignage, sous peine de 100 fr. d'amende et de dommages et intérêts en faveur de la commune et autres administrations.

Art. 148. Tous actes sous seing privé et notariés qui seront soumis à l'enregistrement pour achat de terrain propre aux routes et autre entreprise publique, comme jugemens pour le même objet, ne paieront aucun droit.

Art. 149. Le papier employé pour tous actes ne portera d'autre timbre que celui de la commune, spécial au même objet.

Art. 150. Les frais d'expertise et autres en fait d'expropriation seront supportés par la partie publique, si l'indemnité accordée par les tribunaux se rapproche plus du prix demandé que du prix offert; dans le cas contraire, c'est le particulier qui les supportera.

Art. 151. Les citoyens qui feront l'abandon gratuit d'une notable portion de terrain pour un objet d'utilité publique, en recevront un témoignage public; leur don patriotique sera mentionné dans le journal du département, et le préfet, au nom du gouvernement, leur en fera des remercîmens.

LIVRE QUATRIÈME.

Des tribunaux en matière de circulation.

TITRE UNIQUE.

CHAPITRE PREMIER.

Du tribunal de première instance.

Art. 152. Tous les délits et infractions commis contre la voie publique, ainsi que les questions litigieuses sur la même matière, seront dans chaque commune du ressort des tribunaux de simple police, auxquels, dans ce cas, le maire adjoindra deux membres du comité des chemins choisis parmi ceux qui n'auront pas d'intérêt direct dans les affaires soumises au tribunal, ou qui ne seront point parens des parties appelées à comparaître, au degré prohibé.

Le gouvernement tiendra la main à la formation des tribunaux de simple police dans chaque commune, même dans les communes qui sont le siége de la justice de paix, et que la loi en dispense.

Toute cause aujourd'hui pendante devant les tribunaux ordinaires en matière de voie publique, suivra son cours dans les communes où le préfet reconnaîtrait l'impossibilité de créer un tribunal de simple police; faute d'hommes capables de juger, il désignerait, pour connaître des affaires intéressant la voie publique desdites communes, le tribunal d'une commune voisine.

Art. 153. Les lieux où auront été commis les délits et infractions, ainsi que les terrains qui seront le sujet des contestations, détermineront la compétence des tribunaux, et non pas le domicile des parties.

Art. 154. L'assignation exprimant le motif de la comparution devant le tribunal, et indiquant le jour, le lieu et l'heure de l'audience, sera un simple avertissement du maire. Il sera donné trois jours francs avant l'audience, en tenant compte des distances légales. Si le comparant est domicilié dans la commune, l'assignation sera donnée à sa personne ou laissée à son domicile par le délégué du maire : si le comparant est domicilié dans une commune étrangère, l'assignation sera adressée par la poste.

Art. 155. Les facteurs et courriers des communes rurales auront un livret, sur lequel ils sont tenus, sous peine de 25 francs d'amende, d'inscrire toutes les lettres portant le cachet spécial aux routes. L'indication portera le lieu d'où vient la lettre, la date du timbre, le nom de la personne à laquelle elle est adressée, le jour et lieu de la remise qui se fera à personne ou domicile. Les maires, les commissaires voyers, les juges de paix et les directeurs des postes surveilleront les livrets des facteurs et courriers.

Si l'assigné n'a pas de domicile, l'assignation sera affichée, pendant quinzaine franche, à la porte de la maison commune du lieu de la comparution.

Art. 156. Lorsqu'un simple citoyen appelle en justice l'auteur d'un délit ou infraction, l'assignation est donnée par huissier.

Art. 157. L'assigné comparaîtra en personne, ou bien par un fondé de procuration.

Art. 158. Tout témoin assigné devant le tribunal de la voie publique qui ne comparaîtra pas, sera condamné, à moins d'excuses valables, à une amende de 5 fr. à 25 fr.

Art. 159. Les jugemens rendus par les tribunaux de la voie publique seront inscrits, par le greffier, sur un registre, et signifiés avec les mêmes formalités que l'assignation : les jugemens seront exécutoires huit jours après la signification, à personne ou domicile.

Art. 160. Si les jugemens sont exécutoires hors de l'arrondissement, ils seront visés par le procureur du roi de l'arrondissement. Dans le cas où le condamné n'aurait pas de domicile, le jugement restera affiché dans la salle du tribunal pendant trois mois.

Art. 161. Les jugemens qui emporteront des amendes, des dommages et intérêts et frais seront mis à exécution par les percepteurs du domicile des parties, comme s'il s'agissait de la rentrée d'impôts ; les amendes profiteront aux communes et autres administrations.

Art. 162. Les frais de justice ne seront autres qu'un

fr. par citation, et 2 fr. pour le relevé et la signification du jugement. Les frais d'expertise seront taxés par le tribunal. A la fin de chaque année les comités régleront les honoraires du greffier proportionnés à la rentrée des frais.

Art. 163. Tous actes et jugemens rendus, ayant pour objet la voie publique, seront écrits sur papier libre, mais revêtu d'un timbre spécial portant le sceau de l'état et l'inscription, commune de......., arrondissement de....., département de....., voie publique.

Ce timbre mis sur les lettres servira d'affranchissement. Tout maire ou tout employé qui ferait servir ledit timbre à d'autres usages, sera passible d'une amende de 300 francs, et justiciable des tribunaux correctionnels.

Art. 164. Dans le cas où les jugemens emporteront la peine d'emprisonnement, le procureur du roi et les officiers de la force publique veilleront à leur exécution.

Art. 165. Lorsque les percepteurs déclareront un condamné à des amendes et frais insolvables, la peine sera changée en un jour de prison par chaque cinq fr. Le tribunal qui a prononcé l'amende déterminera le changement de peine sur la demande, soit des présidens des comités, soit des commissaires et ingénieurs.

Art. 166. Si le condamné une fois saisi consent à payer entre les mains des agens de la force publique le montant entier de sa taxe, plus 10 fr. d'amende pour frais de poursuite et de retard, il sera relaxé à l'instant.

Tous agens qui ne feraient pas remise dans la huitaine desdits fonds, au pouvoir qui les a commissionnés, seraient destitués de droit.

Art. 167. Le citoyen assigné qui ne comparaîtra pas au jour indiqué ou ne présentera pas des motifs valables d'excuse, sera jugé par défaut.

Art. 168. Tout jugement par défaut auquel on ne fera pas opposition dans la quinzaine de sa signification, sera réputé contradictoire.

Art. 169. Tout jugement qui ne dépassera pas 100 fr. d'amende, dommages intérêts et frais compris, et trois jours de prison, sera sans appel.

Art. 170. Ne seront pas néanmoins définitifs les jugemens où il s'agira d'expropriation de terrain, quelle que soit la valeur de l'indemnité accordée.

CHAPITRE II.

Des tribunaux d'appel.

Art. 171. Le délai de l'appel pour affaires de la voie publique sera de deux mois, à compter du jour de la signification pour les jugemens contradictoires, et pour les jugemens par défaut du jour où l'opposition ne sera plus recevable.

L'appel sera porté devant les assises de canton présidées par le juge de paix qui aura voix délibérative : pour chaque affaire il y aura six jurés; s'il n'y a de récusation ou d'autres empêchemens légaux, les mêmes jurés pourront prononcer sans désemparer sur plusieurs affaires. La partie accusée aura deux récusations, et le ministère public un égal nombre.

Art. 172. Il y aura tenue d'assises de canton tous les trois mois s'il y a des affaires à juger : elles seront convoquées par le juge de paix. Il y aura pour chaque session douze jurés appelés.

Art. 173. Les jurés seront pris parmi les membres des comités des chemins communaux du canton et les membres des conseils municipaux domiciliés dans le canton.

Art. 174. Les noms des membres des comités et des conseils municipaux seront mis dans une urne et tirés au sort en audience publique à la fin de chaque session par le juge de paix : la première fois ce sera en audience civile; les noms ne seront replacés dans l'urne qu'après épuisement.

Art. 175. Les citoyens désignés par le sort seront convoqués par le juge de paix : tout juré qui ne se rendrait pas à l'appel ou qui n'offrirait pas d'excuse valable sera condamné à 50 fr. d'amende, et fera partie de droit des prochaines assises. Le juge de paix et les deux jurés plus anciens seront juges des motifs d'excuse. Si le juré arrive avant la fin de la tenue des assises, il pourra faire accepter ses excuses et rapporter la condamnation, s'il n'a siégé dans aucune affaire de la session, il sera membre des prochaines assises.

Art. 176. Après le tirage au sort pour la composition des assises, le juge de paix adressera aux jurés, debout et découvert, l'allocution suivante : « *Vous promettez, en citoyens probes, de vous prononcer loyalement sur chacune des affaires soumises à votre jugement.* »

Chacun des jurés, appelé individuellement par le juge de paix, répondra. « *Je promets.* » Le juge de paix ajoutera. « *Je le promets avec vous.* »

Art. 177. Immédiatement après l'appel le greffier appellera les affaires à juger.

Art. 178. Le greffier du juge de paix sera le greffier des assises ; le juge de paix, le maire du canton et trois membres du conseil municipal arrêteront à la fin de chaque année les honoraires du greffier proportionnés aux affaires jugées ; ils seront prélevés sur les fonds communaux du canton et distribués selon l'importance des localités par le sous-préfet.

Art. 179. Il sera alloué pour frais de déplacement, d'appréciation et rapports à chaque juge de paix des cantons ruraux, un supplément annuel de traitement de 200 francs, pris sur les fonds généraux de département ; nulle autre indemnité ni vacations ne leur seront dues.

Les juges de paix pendant les assises ne pourront siéger qu'en robe ainsi que les greffiers.

Art. 180. Le rôle du ministère public près des assises sera rempli par un magistrat spécial qui portera le nom d'*avocat du canton* ; il sera désigné par le préfet sur une liste de candidats choisis par les maires du canton. Chaque maire présentera un candidat. La nomination de l'avocat du canton sera insérée au *Moniteur ;* comme le juge de paix, il siégera en robe : dans les cérémonies publiques il prendra rang après le juge de paix ; ses fonctions seront honorifiques ; pendant l'exercice de ses fonctions il sera dispensé d'être juré criminel. En cas d'empêchement, l'avocat du canton sera remplacé par un membre du comité des chemins de la commune siége du canton, lequel sera désigné par le juge de paix.

Art. 181. Les registres sur lesquels seront inscrits les jugemens des assises de canton seront soumis chaque année au procureur du roi ; s'il les trouve tenus régulièrement, il écrira à la dernière page : *Conforme à la loi*, et signera : dans le cas contraire, il écrira : *Sujet à censure*, et signera.

L'irrégularité dans les registres pourra entraîner une peine de 100 francs d'amende contre le greffier, et sa destitution en cas de récidive. Le tribunal de première instance prononcera sur l'amende, et la cour royale sur la destitution.

Art. 182. Les jugemens des tribunaux de simple police prononcés en dernier ressort, et jugeant en matière de voie publique, et ceux des assises de canton, pourront être soumis à la cour de cassation pour fausse application de la loi ou vice de forme.

Art. 183. Tout jugement dont la cour de cassation rejetera l'appel entraînera, contre le demandeur, une amende de 50 francs au profit de la commune.

Art. 184. Toute action pénale provenant des jugement prononcés en matières de voie publique se prescrira par trois ans ; au cas de récidive, le temps sera double.

Art. 185. Toutes les lois antérieures, décrets et ordonnances sur les chemins vicinaux, et celles sur les routes départementales, en fait d'entretien, de confection, de police, et d'expropriation, sont annulées dans leur entier contenu.

FIN DU PROJET DE LOI.

Nota. Pour mettre le lecteur à même de bien juger des changemens que nous proposons à la législation existante, nous joignons ici :

1°. La loi de 1802, relative aux contraventions en matière de grande voirie ;

2°. La loi sur l'expropriation pour cause d'utilité publique ;

3°. La loi sur les chemins vicinaux de 1824.

Loi relative aux contraventions en matière de grande voirie.

29 floréal an 10 (19 mai 1802).

Au nom du peuple français,

Bonaparte, etc.

Art. 1er. Les contraventions en matière de grande voirie, telles qu'anticipations, dépôts de fumiers ou d'autres objets, et toutes es pèces de détériorations commises sur les grandes routes, sur les arbres qui les bordent, sur les fossés, ouvrages d'art et matériaux destinés à leur entretien, sur les canaux, fleuves et rivières navigables, leurs chemins de halage, francs bords, fossés et ouvrages d'art, seront constatées, réprimées et poursuivies par voie administrative.

2. Les contraventions seront constatées concurremment par les maires ou adjoints, les ingénieurs des ponts et chaussées, leurs conducteurs, les agens de la navigation, les commissaires de police, et par la gendarmerie ; à cet effet, ceux des fonctionnaires publics ci-dessus désignés, qui n'ont pas prêté serment en justice, le prêteront devant le préfet.

3. Les procès-verbaux sur les contraventions seront adressés au sous-préfet, qui ordonnera par provision, et sauf le recours au préfet, ce que de droit, pour faire cesser les dommages.

4. Il sera statué définitivement en conseil de préfecture : les arrêtés seront exécutés sans *visa* ni mandement des tribunaux, nonobstant et sauf tout recours ; et les individus condamnés seront contraints par l'envoi des garnisaires et saisie de meubles, en vertu desdits arrêtés qui seront exécutoires et emporteront hypothèque.

Soit la présente loi revêtue, etc.

Loi sur les expropriations pour cause d'utilité publique.

Du 8 mars 1810.

Napoléon, etc.

TITRE Ier.

Dispositions préliminaires.

Art. 1er. L'expropriation pour cause d'utilité publique s'opère par l'autorité de la justice.

2. Les tribunaux ne peuvent prononcer l'expropriation qu'autant que l'utilité en a été constatée dans les formes établies par la loi.

3. Ces formes consistent,

1°. Dans le décret impérial, qui seul peut ordonner des travaux publics ou achats de terrains ou édifices destinés à des objets d'utilité publique;

2°. Dans l'acte du préfet, qui désigne les localités ou territoires sur lesquels les travaux doivent avoir lieu, lorsque cette désignation ne résulte pas du décret même, et dans l'arrêté ultérieur par lequel le préfet détermine les propriétés particulières auxquelles l'expropriation est applicable.

4. Cette application ne peut être faite à aucune propriété particulière qu'après que les parties intéressées ont été mises en état d'y fournir leurs contredits, selon les règles ci-après exprimées.

TITRE II.

Des mesures d'administration relatives à l'expropriation.

5. Les ingénieurs ou autres gens de l'art chargés de l'exécution des travaux ordonnés, devront, avant de les entreprendre, lever le plan terrier ou figuré des terrains ou des édifices dont la cession serait par eux reconnue nécessaire.

6. Le plan desdites propriétés particulières, indicatif des noms de chaque propriétaire, restera déposé pendant huit jours entre les mains du maire de la commune où elles seront situées, afin que chacun puisse en prendre connaissance et ne prétende en avoir ignoré.

Le délai de huitaine ne courra qu'à dater de l'avertissement qui aura été collectivement donné aux parties intéressées à prendre communication du plan.

Cet avertissement sera publié à son de trompe ou de caisse dans la commune, et affiché tant à la principale porte de l'église du lieu qu'à celle de la maison commune ; lesdites publications et affiches seront certifiées par le maire.

7. A l'expiration du délai, une commission, présidée par le sous-préfet de l'arrondissement, et composée en outre de deux membres du conseil d'arrondissement désignés par le préfet, du maire de la commune où les propriétés seront situées, et d'un ingénieur, se réunira au local de la sous-préfecture.

8. Cette commission recevra les demandes et les plaintes des propriétaires qui soutiendraient que l'exécution des travaux n'entraîne pas la cession de leurs propriétés.

Elle appellera les propriétaires toutes les fois qu'elle le jugera convenable.

9. Si la commission pense qu'il y a lieu de maintenir l'application du plan, elle en exposera les motifs.

Si elle est d'avis de quelques changemens, elle ne les proposera qu'après avoir entendu ou appelé les propriétaires des terrains sur lesquels se reporterait l'effet de ces changemens.

Dans le cas où il y aurait dissentiment entre les divers propriétaires, la commission exposera sommairement leurs moyens respectifs, et donnera son avis motivé.

10. Les opérations de la commission se borneront aux objets mentionnés dans les articles 8 et 9 ; elles devront être terminées dans le délai d'un mois, à partir de l'expiration de celui énoncé dans l'article 7; après quoi le procès-verbal en sera adressé par le sous-préfet au préfet.

Le préfet statuera immédiatement, et déterminera définitivement les points sur lesquels seront dirigés les travaux.

11. La commission et le préfet ne prendront aucune connaissance des difficultés qui ne porteraient que sur le prix des fonds à céder.

Si les propriétaires et le préfet ne s'accordent point à ce sujet, il y sera pourvu par les tribunaux, qui connaîtront de même de toutes les réclamations relatives à l'infraction des règles prescrites par le présent titre et le précédent.

12. Lorsque les propriétaires souscriront à la cession qui leur sera demandée, ainsi qu'aux conditions qui leur seront proposées par l'administration, il sera passé, entre ces propriétaires et le préfet, un acte de vente qui sera rédigé dans la forme des actes d'administration, et dont la minute restera déposée aux archives de la préfecture.

TITRE III.

De la procédure devant le tribunal.

§ Ier. — *De l'expropriation.*

13. Lorsqu'à défaut de conventions entre les parties, l'arrêté du préfet, indicatif des propriétés cessibles, aura été par lui transmis, avec copie des autres pièces, au procureur impérial du tribunal de l'arrondissement où les propriétés seront situées, ce procureur impérial, dans les trois jours suivans, requerra l'exécution dudit arrêté, sur le vu duquel le tribunal, s'il n'aperçoit aucune infraction des règles posées aux titres Ier. et II, autorisera le préfet à se mettre en possession des terrains ou édifices désignés en l'arrêté, à la charge de se conformer aux autres dispositions de la présente loi.

Ce jugement sera, à la diligence du procureur impérial, affiché à la porte du tribunal; il sera, de plus, publié et affiché dans la commune, selon les formes établies par l'art. 6.

14. Si, dans les huit jours qui suivront les publications et affiches faites en la commune, les propriétaires ou quelques-uns d'entre eux prétendent que l'utilité publique n'a pas été constatée, ou que leurs réclamations n'ont pas été examinées et décidées, le tout conformément aux règles ci-dessus, ils pourront présenter requête au tribunal, lequel en donnera communication au préfet par la voie du procureur impérial, et pourra néanmoins prononcer un sursis à toute exécution.

Dans la quinzaine qui suivra cette communication, le tribunal jugera, à la vue des écrits respectifs, ou immédiatement après l'expiration de ce délai, sur les seules pièces produites, si les formes prescrites par la présente loi ont été ou non observées.

15. Si le tribunal prononce que les formes n'ont pas été remplies, il sera indéfiniment sursis à toute exécution, jusqu'à ce qu'elles l'aient été; et le procureur impérial, par l'intermédiaire du procureur général, en informera le grand juge, qui fera connaître à l'empereur l'atteinte portée à la propriété par l'administration.

§ II. — *Des indemnités.*

16. Dans tous les cas où l'expropriation sera reconnue ou jugée légitime, et où les parties ne resteront discordantes que sur le montant des indemnités dues aux propriétaires, le tribunal fixera la valeur de ces indemnités, eu égard aux baux actuels, aux contrats de vente passés antérieurement et néanmoins aux époques les plus récentes, soit des mêmes fonds, soit des fonds voisins et de même qualité, aux matrices de rôles et à tous autres documens qu'il pourra réunir.

17. Si ces documens se trouvent insuffisans pour éclairer le tribu-

nal, il pourra nommer d'office un ou trois experts : leur rapport ne liera point le tribunal, et ne vaudra que comme renseignement.

18. Dans le cas où il y aurait des tiers intéressés à titre d'usufruitier, de fermier ou de locataire, le propriétaire sera tenu de les appeler avant la fixation de l'indemnité, pour concourir, en ce qui les concerne, aux opérations y relatives; sinon il restera seul chargé envers eux des indemnités que ces derniers pourraient réclamer.

Les indemnités des tiers intéressés ainsi appelés ou intervenans seront réglées en la même forme que celles dues aux propriétaires.

19. Avant l'évaluation des indemnités, et lorsque le différend ne portera point sur le fond même de l'expropriation, le tribunal pourra, selon la nature des travaux, ordonner provisoirement la mise en possession de l'administration : son jugement sera exécutoire, nonobstant appel ni opposition.

§ III. — *Du paiement.*

20. Tout propriétaire dépossédé sera indemnisé conformément à l'article 545 du Code Napoléon.

Si des circonstances particulières empêchent le paiement actuel de tout ou partie de l'indemnité, les intérêts en seront dus à compter du jour de la dépossession, d'après l'évaluation provisoire ou définitive de l'indemnité, et payés de six en six mois, sans que le paiement du capital puisse être retardé au delà de trois ans, si les propriétaires n'y consentent.

21. Lorsqu'il y aura des intérêts échus et non payés par l'administration débitrice, ou lorsque le capital ou partie du capital de l'indemnité n'aura pas été remboursé dans les trois ans, ou dans les termes du contrat, les propriétaires et autres parties intéressées pourront remettre à l'administration des domaines, en la personne de son directeur dans le département de la situation des biens, un mémoire énonciatif des sommes à eux dues, accampagné des titres à l'appui : cette remise sera constatée par le récépissé du directeur ou par exploit d'huissier.

Si dans les trente jours qui la suivront le paiement n'est pas effectué, les propriétaires ou autres parties intéressées pourront traduire l'administration des domaines devant le tribunal, pour y être condamnée à leur payer les sommes à eux dues à l'acquit de l'administration en retard, et sauf le recouvrement exprimé en l'article 24.

22. Avant qu'il soit statué sur l'action récursoire dirigée contre l'administration des domaines, le procureur impérial pourra requérir, pour en instruire le grand-juge ministre de la justice un ajournement d'un à deux mois, qui devra, en ce cas, être prononcé par le tribunal.

23. Si durant cet ajournement nulle mesure administrative n'a

été prise pour opérer le paiement, le tribunal prononcera après l'expiration du délai.

24. Lorsque l'administration des domaines aura, par suite des condamnations prononcées contre elle en exécution des dispositions ci-dessus, déboursé ses propres deniers à l'acquit d'autres administrations, elle se pourvoira devant le gouvernement, qui lui en procurera le recouvrement ou lui en tiendra compte, le tout ainsi qu'il appartiendra.

TITRE IV.

Dispositions générales.

25. Dans tous les cas où il y aura des hypothèques sur les fonds, des saisies-arrêts ou oppositions formées par des tiers au versement des deniers entre les mains soit du propriétaire dépossédé, soit des usufruitiers ou locataires évincés, les sommes dues seront consignées à mesure qu'elles écherront, pour être ultérieurement pourvu à leur emploi ou distribution dans l'ordre et selon les règles du droit commun.

26. Toutes les fois qu'il y aura lieu de recourir au tribunal, soit pour faire ordonner la dépossession ou s'y opposer, soit pour le réglement des indemnités, soit pour en obtenir le paiement, soit pour reporter l'hypothèque sur des fonds autres que ceux cédés, la procédure s'instruira sommairement : l'enregistrement des actes qui y sont sujets aura lieu *gratis*.

Le procureur impérial sera toujours entendu avant les jugemens tant préparatoires que définitifs.

27. Les dispositions de la loi du 16 septembre 1807, ou de toutes autres lois qui se trouveraient contraires aux présentes, sont rapportées.

Mandons, etc.

Donné en notre palais des Tuileries, le 18 mars 1810.

Loi relative aux chemins vicinaux, insérée au Bulletin des Lois *du 4 août* 1824, *n°*. 17,435.

Au château de Saint-Cloud, le 28 juillet 1824.

LOUIS, par la grâce de Dieu, Roi de France et de Navarre, à tous présens et à venir, salut.

Nous avons proposé, les chambres ont adopté, nous avons ordonné et ordonnons ce qui suit :

Art. 1er. Les chemins reconnus, par un arrêté du préfet sur une délibération du conseil municipal, pour être nécessaires à la communication des communes, sont à la charge de celles sur le territoire desquelles ils sont établis, sauf le cas prévu par l'art. 9 ci-après.

2. Lorsque les revenus des communes ne suffisent point aux dépenses ordinaires de ces chemins, il y est pourvu par des prestations en argent ou en nature, au choix des contribuables.

3. Tout habitant chef de famille ou d'établissement à titre de propriétaire, de régisseur, de fermier, ou de colon partiaire, qui est porté sur l'un des rôles des contributions directes, peut être tenu, pour chaque année :

1°. A une prestation qui ne peut excéder deux journées de travail ou leur valeur en argent, pour lui et pour chacun de ses fils vivant avec lui, ainsi que pour chacun de ses domestiques mâles, pourvu que les uns et les autres soient valides et âgés de vingt ans accomplis ;

2°. A fournir deux journées, au plus, de chaque bête de trait ou de somme, de chaque cheval de selle ou d'attelage de luxe, et de chaque charrette, en sa possession pour son service ou pour le service dont il est chargé.

4. En cas d'insuffisance des moyens ci-dessus, il pourra être perçu sur tout contribuable jusqu'à cinq centimes additionnels au principal de ses contributions directes.

5. Les prestations et les cinq centimes mentionnés dans l'article précédent seront votés par les conseils municipaux, qui fixeront également le taux de la conversion des prestations en nature. Les préfets en autoriseront l'imposition. Le recouvrement en sera poursuivi comme pour les contributions directes ; les dégrèvemens prononcés

sans frais, les comptes rendus comme pour les autres dépenses communales.

Dans le cas prévu par l'art. 4, les conseils municipaux devront être assistés des plus imposés, en nombre égal à celui de leurs membres.

6. Si des travaux indispensables exigent qu'il soit ajouté par des contributions extraordinaires au produit des prestations, il y sera pourvu, conformément aux lois, par des ordonnances royales.

7. Toutes les fois qu'un chemin sera habituellement ou temporairement dégradé par des exploitations de mines, de carrières, de forêts, ou de toute autre entreprise industrielle, il pourra y avoir lieu à obliger les entrepreneurs ou propriétaires à des subventions particulières, lesquelles seront, sur la demande des communes, réglées par les conseils de préfecture, d'après des expertises contradictoires.

8. Les propriétés de l'état et de la couronne contribueront aux dépenses des chemins communaux dans les proportions qui seront réglées par les préfets en conseil de préfecture.

9. Lorsqu'un même chemin intéresse plusieurs communes, et en cas de discord entre elles sur la proportion de cet intérêt et des charges à supporter, ou en cas de refus de subvenir auxdites charges, le préfet prononce, en conseil de préfecture, sur la délibération des conseils municipaux, assistés des plus imposés, ainsi qu'il est dit à l'art. 5.

10. Les acquisitions, aliénations et échanges ayant pour objet les chemins communaux, seront autorisés par arrêtés des préfets en conseil de prféecture, après délibération des conseils municipaux intéressés, et après enquête *de commodo et incommodo*, lorsque la valeur des terrains à acquérir, à vendre ou à échanger, n'excédera pas trois mille francs.

Seront aussi autorisés par les préfets, dans les mêmes formes, les travaux d'ouverture ou d'élargissement desdits chemins, et l'extraction des matériaux nécessaires à leur établissement, qui pourront donner lieu à des expropriations pour cause d'utilité publique, en vertu de la loi du 8 mars 1810, lorsque l'indemnité due aux propriétaires pour les terrains ou pour les matériaux n'excédera pas la même somme de trois mille francs.

La présente loi, etc.

Donné en notre château de Saint-Cloud, le 28e jour du mois de juillet.

FIN DE LA PREMIÈRE PARTIE.

TABLE

DES MATIÈRES (1).

(1) Pour qu'on apprécie l'ensemble et l'étendue de notre travail, nous donnons ici la table telle qu'elle sera dans l'ouvrage complet.

FIN DE LA TABLE DES MATIÈRES.

www.ingramcontent.com/pod-product-compliance
Ingram Content Group UK Ltd.
Pitfield, Milton Keynes, MK11 3LW, UK
UKHW020351230726
13925UKWH00003B/1063